“十二五”国家重点图书出版规划项目
北京市社会科学理论著作出版基金重点资助项目

GZC 高校主题出版
GAOXIAO ZHUTI CHUBAN

/ 总主编 韩 震 /

社会主义核心价值观·关键词

法 治

韩 震 严 育 编著

中国人民大学出版社
·北京·

目 录

第一章

法治溯源：从“法的统治”到全面推进依法治国

“法律是根高压线，谁碰上它谁触电；法律是个守护神，惩罚犯罪护好人。”

“法是悬崖上的一道屏障，越过它，你将付出惨痛的代价。”

“法律是善行的保护神，是恶行的当头棒。”

…………

关于法律的比喻举不胜举，但在这些众多的比喻中，有一个共同的地方，就是强调法律、法治的重要性。

“法治”这个词，在日常生活中出现的频率很高，可以说人们都耳熟能详。特别是在刚刚过去的2014年岁末，在国家语言资源监测与研究中心等单位联合举办的“汉语盘点2014”活动中，“法”字在网友推荐的7 000多个字词中脱颖而出，荣膺中国年度汉字。同时，“依法治国”也成为年度中国媒体十大流行语榜首词。这反映了全社会对法治的高度关注。但是，熟知未必等于真知，关于法治的内涵，却并非三言两语就能道清。

一、法治的内涵及辨析

谈到“法治”，首先要搞清楚“法”的内涵。可能有人会说，法不就是法律法规吗？虽然法表现为我们人人都要遵守的法律法规，但是其内涵要更为复杂深刻。

汉语中“法”的古体写做“灋”。我国历史上第一部字典《说文解字》解释为：“灋，刑也，平之如水，从水；廌，所以触不直者去之，从去。”“平之如水”，表明法象征公平、公正。“廌”是传说中的一种独角神兽，据说能够明辨是非，审判时被廌触者即为败诉或有罪，这表明法又有“明断曲直”之意。无独有偶，在西方古代，拉丁文*jus*不仅有“法律”的意思，还兼有权利、公平、正义等含义。这表明，无论东西方，都把追求公平、公正作为“法”的题中应有之义。西方有一个法学派别叫做古典自然法学派，他们就认为法来自人类的“健全理性”，是“永恒正义”的体现，而另一个学派分析——规范学派也认为法是“主权者的命令”，是维护人类社会秩序的象征。我国历史上也有一些与此相近的看法。这些观点虽然有其合理之处，但也都有其片面性，只看到了法在某一方面的属性，而没有准确揭示法的本质。

马克思主义的诞生对准确揭示法的本质提供了有力的武器，马克思恩格斯把唯物史观的基本原理应用于对法律现象的研究，指出法律不是从来就有的，而是随着私有制、阶级和国家的出现而逐步产生的。马克思主义认为，所谓法，就是国家制定或认可并以国家强制力保证实施的，反映由特定社会物质生活条件所决定的统治阶级意志的规范体系。法通过规定人们相互关系中的权利和义务关系，确认、保护和发展对统治阶级有利的社会关系和社会秩序。

明白了法的含义，再来看法治。“法治”是一个合成词，就是“法”和“治”，但是这里问题来了，“治”本身也有多种含义，“法治”既可以理解为“法的治理”（rule by law），也可理解为“法的统治”（rule of law）。那么这两种理解哪一种正确呢？

应该说，只有法出现了，才有“法的治理”，哪怕是暴君、独裁者，也需要通过一定的法律规范来维持其统治，但是我们很难说秦始皇的时代是“法治社会”。“法的统治”，强调的是法律本身的权威，这需要人类社会发展到一定阶段才能出现，我们今天所谈论的法治，就是“法的统治”意义上的法治。法治是一种贯彻法律至上、严格依法办事的治国原则和方式。它要求法律具有至高无上的权威，并在全社会得到有效的实施、普遍的遵守和有力的贯彻。法治作为一种先进的治国方式，要求整个国家以及社会生活均依法而治，即管理国家、治理社会，是凭靠法律这种公共权威，这种普遍、稳定、明确的社会规范，而不是靠任何人格权威，不是靠掌权者的威严甚至特权，不依个人意志为转移。特别值得注意的是，在当代中国，“法治”和“依法治国”这两个概念是根本一致的，依法治国实际就是法治的另一种表述，二者之间是一体两面的关系。

在日常生活中，我们还经常会碰到“法制”这个词，而且在谈论“法治”时，人们也常常拿它和“人治”、“德治”作对比。因此，要全面认识法治的内涵，必须对法治与法制、法治与人治、法治与德治的概念做一下辨析，搞清楚它们之间的关系。

（一）法治与法制

生活中，我们会经常遇到“法制”一词，法制与法治既有联系，又有本质的区别。法制的英文是“legal system”，是法律制度的简称。它与法治之间主要有如下不同：

第一，内涵和作用不同。法治强调的是法的统治，是一种治国方略，奉行法律至上，主张一切权力都要受到法律的制约。由于“法治”的“治”是三点水旁，所以被有些法学专家称为“水治”，表明这是一种治国之策。法制是一个非常中性的概念，并不必然包含法律至上的含义，法制既可以被奉行法治者所使用，也可以被独裁者所利用，因此，有些学者根据“法制”的“制”的立刀旁，将“法制”称为“刀制”，也就是说，法制像一把刀，是一种工具，可以被任何人所持有。

第二，产生和存在的时代不同。从严格的意义上讲，现代资本主义法治是资产阶级革命的产物，是资本主义时代才产生并建立的；社会主义法制是到了社会主义社会才产生并建立的。而法制作为法律制度的统称，早在奴隶制社会初期就产生了。

第三，二者与民主、自由等价值观念的关系不同。一般说来，法治都是与一定民主、自由等价值观念相联系的，在我国社会主义核心价值观中，法治是与民主、自由、公正等价值观并列的。但法制与这些价值都没有必然的联系，它既可以为这些价值服务，也可以为反对这些价值的制度服务。

法治和法制之间的联系也是显而易见的。法制是法治的基础和前提条件，要实行法治，必然要求完备法制，加强法制建设。

（二）法治与人治

与法治相对的一个概念是人治。一般认为，古希腊柏拉图所主张的“贤人政治”是人治，中国儒家所主张的“为政在人”也是人治。作为与法治相对的概念，人治就是一种依靠领导人或统治者的意志和能力来管理国家和社会、处理社会公共事务的治国方式。它与法治之间存在以下几个方面的差异：

一是领导人或统治者的地位不同。领导人或统治者的地位是区别法治与人治的重要标准之一。具体说来，在法治社会中，法律是至高无上的，领导人或统治者都必须服从法律。即使领导人或统治者认为法律有所不妥，在法律未改变之前，也必须遵守法律，而不能违背法律的规定。在人治社会中，领导人或统治者具有超越于法律的权力，也就是所谓的“朕即国家”。人治所依赖的是领导人或统治者个人或少数人的智慧和能力，其意志直接就是行动的指南，就是根据；即使有规则，也经常可以被权力拥有者一言以立，一言以废。

二是法律的地位和作用不同。法治社会奉行法律至上的原则，法律的地位是至高无上的，并且法律既是手段更是目的。法律一旦制定就必须获得全社会的普遍遵守，即便统治者也不能例外。与此相适应，法律在社会生活中发挥着极为重要的作用，可以说法律成了国家治理社会的主要方式。而在人治社会，由于统治者具有超越于法律的权力，因此法律充其量只是统治者实现社会统治的工具。在这种情况下，法律的作用经常得不到有效发挥，在法律与权力相冲突的时候，法律经常只能屈从于权力。

三是政治和观念基础不同。在现代社会，法治一般是以民主作为政治基础的，并且往往与自由、平等和人权等价值相联系。而人治则总是以专制集权作为政治基础，并且一般并不奉行与现代法治相联系的自由、平等、人权等价值理念。

因此，虽然人治具有悠久的历史，某些类型的人治甚至曾长期被作为很多社会的理想，但是人治的基本理念与原则是与现代社会普遍认同的价值理念相悖的，因此，世界各国都逐步地选择法治，摈弃人治。

（三）法治与德治

德治在中国传统社会中所指的主要是治国方式，其含义基本有两重，一是指充分重视道德的教化作用，并通过道德的教化与规范作用进行社会管理和国家治理的治国方式。孔子就曾在《论语·为政》中说过：“道之以政，齐之以刑，民免而无耻；道之以德，齐之以礼，有耻且格。”二是指充分重视为政者的道德典范意义，并通过这种典范作用来治理国家和管理社会的治国方式。在这个意义上，儒家特别强调政治领袖的个人操守，如《论语·子路》中就有“其身正，不令而行；其身不正，虽令不从”之说。中国传统社会中的德治实质上接近于人治，但与人治这个概念相比，德治概念更强调道德对人，尤其是对统治者约束的重要性以及统治者道德的示范意义；由于德治宣扬道德自律对于社会和国家治理的好处，因此德治实际上非常富有理想主义色彩。这种道德理想主义在中国古代伦理社会确实能够在一定程度上对统治者起到制约作用，但在缺乏外在强制性制约力量的情况下，德治最终很容易蜕变为纯粹的人治。

法治与德治之间具有重要的区别。首先，行为的基本准则不同。法治社会中的基本准则是法律规范，德治的基本准则是道德规范。其次，冲突的解决方式不同。在法律与道德之间产生冲突的时候，在法治社会，法律通常要压倒道德，在德治社会，道德更容易压倒法律。最后，与人治的关系不同。法治与人治是根本对立的，而德治与人治则具有一定的相通性。

由于德治这种治国方式是建立在道德理想主义基础上的，它在实践的过程中很难真正得到实现。因此，德法合治是现实中较为普遍的做法。从历史上看，德法合治是古今中外的治国之道。我国既有悠久的法制文化，又有厚重的道德传统。从孔子提出“宽猛相济”、荀子提出“隆礼而重法”，到汉代董仲舒强调“阳为德，阴为刑”，从唐代提出“制礼以崇敬，立刑以明威”，到宋元明清时期一直延续德法合治，都体现了德治与法治相结合的治国之道。在西方，古希腊时期柏拉图就认为执法和守法都离不开道德，亚里士多德、苏格拉底主张法律的制定必须着眼于德和善。现在从世界范围看，凡是社会治理比较有效的国家，大都坚持把法治作为治国的基本原则，同时注重用道德调节人们的行为。

二、中西法治思想的历史探源

虽然法治作为一种治国方式，形成于近代，但是作为一种法的价值取向、理想追求，却早就有其萌芽。无论东西方，很早就开始了对法治思想的探寻。

我国先秦时期，诸子百家中的法家就主张“以法治国”，这虽然是一种“法的治理”意义上的“法治”，但也含有承认法律极端重要性的积极因素。法家认为，法，就是统治者公布的政策、法令、制度。法家代表人物商鞅曾说过，“为国也，观俗立法则治，察国事本则宜。不观时俗，不察国本，则其法立而民乱，事剧而功寡”，强调“重法而治”，认为立法、法治对于一个国家的兴衰成败具有重要的决定性意义。法家另一位代表人物韩非子强调“治民无常，唯以法治”，指出赏罚都要以“法”为标准，“法不阿贵，刑过不避大臣，赏善不遗匹夫”。也就是说，在“法”面前，不存在贵族和平民之分，任何人都不能独立于法外。当然，法家的法治思想也有着很大的局限性，总的来说是为服务于君权而展开的。

公元前221年，秦始皇统一中国，建立了中国历史上第一个以中央集权为特征的统一的专制王朝，确立了以后几千年中国传统政治格局和政治模式。在指导思想上，秦代奉行的是法家学派的“法治”、“重刑”等理论，法律制度非常严密。汉代鉴于“秦二世而亡”的历史教训，把儒家思想引入法律制度当中，逐步形成了德法合治的传统。这一传统到隋唐时达到顶峰，以《唐律疏议》的制定为标志，中国古代道德与法律的融合过程基本完成，儒家学派的一些基本主张被精巧地纳入成文法典之中，中国传统社会的“法律道德化，道德法律化”的特征，在隋唐法律中得到了充分的体现。宋代以后，我国的法律制度在隋唐时期所确立的基本框架内，仍得到了进一步的发展，但是由于封建专制的进一步加强，法律制度越来越成为封建统治阶级维护自身统治的工具。纵观中国古代法律制度发展史，虽然从根本上说是人治模式下的法制建设，但其中也蕴含着丰富的法治思想，是我们今天推进法治建设的重要滋养。

在西方，法治思想的发展也源远流长。早在古希腊罗马时期，一些著名的哲学家和法学家就精辟阐述过法治的观点。亚里士多德是古希腊哲学集大成者，他认为，“法治应当优于一人之治”，并给出了如下理由：第一，人治容易偏私，而法治可以秉公，因为法律是没有感情的智慧。第二，法律是多数人制定的，而多数人总比一个人治理国家要好。第三，实行人治，容易贻误国家大事，尤其是世袭的君主制更是如此。第四，实行法治是时代的要求，而实行一人之治管理国家实属困难。作为治国原则，亚里士多德的法治核心思想是强调法律的公允性、权威性、完备性以及普遍遵守法律的重要性。亚里士多德还给法治下了一个定义：“已成立的法律获得普遍的服从，而大家服从的法律又应该本身是制订得良好的法律。”这一经典定义影响深远，直到今天还为法学界所尊崇。古罗马哲学家西塞罗继承并发展了亚里士多德的法治理论，主张要按照法律管理国家，他坚决反对人治，认为要真正使公民获得幸福，国家应当实行法治，不允许任何人享有法律以外的特权。全体公民包括执政官在内，在法律面前应一律平等。在其代表作《法律篇》一书中，西塞罗写道："法律统治执政官，所以执政官统治人民——执政官乃是会说话的法律，而法律乃是不会说话的执政官。"古罗马时期不仅在法治思想上有重要的观点，社会生活中的法律实践也在某种程度上践行了法治要求。这一时期出现了帕比尼安、乌尔比安、盖尤斯、保罗和莫迪斯蒂努斯五大著名法学家，还系统编纂了《查士丁尼法典》以及《学说汇纂》、《法学阶梯》等法学教科书。罗马法学家们不仅提出和解决了许多涉及立法、执法、司法的方法问题，创造了精湛的法律概念和技术，而且提出了诸如契约自由之类具有深远历史影响的法律原则。

经历了中世纪的漫漫长夜，法治思想在西方近代又达到了一个高峰。西方启蒙思想家高举理性大旗，推崇法律的权威性，主张法治原则，反对封建社会的人治原则，提倡法律面前人人平等，反对封建特权。法国政治学家布丹提出了"主权"学说，认为主权是一个国家绝对的永远的权力，法律来自主权者的命令，即使主权者本身也要受其规范约束，这就为法律提供了相对的独立性。他还认为，暴君依靠非正义手段窃取最高权力，因而暴君制天然不具有合法性的基础。英国哲学家洛克在其代表作《政府论》一书中，把国家的政治权力分为立法权、执行权和联盟权，并着重强调立法权和执行权的分立。洛克认为，一个真正的共和国应该是一个法制完备并认真执行法律的国家。他还把法律面前人人平等的原则看作是实行法治的重要内容之一。法国启蒙思想家孟德斯鸠在其名著《论法的精神》中，提出为防止滥用权力，就必须以权力约束权力，实现各权力的制约和平衡。他把国家权力分成立法、行政、司法三权，认为三权分立尤其是司法独立是实现法治的重要前提。另一位法国启蒙思想家卢梭在其代表作《社会契约论》中，强调法律面前人人平等，他说，

“社会公约在公民之间确立了这样的一种平等，以致他们大家全都遵守同样的条件并且全都应该享有同样的权利。”此外，卢梭还强调，只有实行法治才能保障人的自由、尊严和价值。启蒙思想家的法治思想对18世纪末和整个19世纪西方各国资产阶级革命胜利后实施法治产生了深远的影响。虽然我们走的是社会主义法治道路，但是西方法治思想传统中的有益经验，还是值得我们在建设社会主义法治国家的实践中加以借鉴吸收的。

三、马克思主义经典作家法治思想简述

中国历史上的法学和西方历史上占主导地位的法学，都是剥削阶级的法学，从总体上来看都没有科学揭示出法的阶级本质和发展规律，也没有科学揭示法治的精髓和要义。直到19世纪40年代马克思主义法学的出现，才实现了法学史上的伟大革命。

马克思恩格斯以唯物史观为理论基础，科学揭示了法的本质，系统论证了法的起源、功能和作用，精辟回答了法律实践中提出的诸多问题。尽管在马克思恩格斯等经典作家的著作中很少使用“法治”这一术语，但是在其法学理论中对法治的基本理念、原则以及相关重大理论问题都做出了深刻论述。

——关于法律的权威性。法律要有权威、法律具有至上性，是法治的核心特征。马克思恩格斯既强调无产阶级政党领导的重要性，也强调法律的权威性。他们指出：“所有通过革命取得政权的政党或阶级，就其本性说，都要求由革命创造的新的法制基础得到绝对承认，并被奉为神圣的东西。”

——关于人民主权。人民主权思想是社会主义国家政权合法性的理论基础，也是我国人民代表大会制度建立的逻辑起点。马克思恩格斯在《共产党宣言》中指出：“工人革命的第一步就是使无产阶

级上升为统治阶级，争得民主。”由人民享有国家主权，参与国家治理是人民主权理论的实现形式，是社会主义法治的前提和基础。

——关于法的职能。马克思、恩格斯、列宁认为，法律是调整社会关系、巩固国家政权的基本手段。马克思恩格斯认为，一个社会只有首先建立正常的法律秩序，人民的自由、社会的公道与正义方有可能实现。因此，应当“使法律成为人民意志的自觉表现，也就是说，它应该同人民的意志一起产生并由人民的意志所创立”。“从某一阶级的共同利益中产生的要求，只有通过下述办法才能实现，即由这一阶级夺取政权，并用法律的形式赋予这些要求以普遍的效力。”列宁指出，“工人阶级夺取政权之后，像任何阶级一样，要通过改变同所有制的关系和实行新宪法来掌握和保持政权”。列宁还认为，无产阶级革命必须彻底摧毁反动的旧法制，否则，新法律的建立也就无从谈起，“社会主义的无产阶级时时刻刻都要记住，它所面临的、必然会面临的是一场群众性的革命斗争，这场斗争将摧毁注定要灭亡的资产阶级社会的全部法制”。

——关于遵守法律。马克思认为，公民遵守的法律应该是良好的法律。马克思通过对“自由与法律”关系的剖析，揭示了资产阶级法律的实质，即宪法上虽然承认自由，但是在具体法律上却又限制甚至消除自由，这样的法律就不是人们所信仰和遵守的法律，而是专制独裁的法律。马克思还认为，公民守法应该强调权利与义务的对等性。他指出：“没有无义务的权利，也没有无权利的义务。”马克思进一步认为，在资本主义社会，资产阶级虽然反对封建特权，法律承认权利与义务的一致性，但是它从一开始就具有狭隘性和虚伪性，仅仅是形式的东西。要根除权利与义务相分离的不合理现象，就必须消灭私有制，即只有在建立于生产资料公有制基础上的社会主义社会里，才能保证权利与义务之间真正的统一。恩格斯强调遵守法律不仅是每个公民的义务，更是执法者的职责和义务。他认为：“一切公务人员在自己的一切职务活动方面都应当在普通法庭上按照一般法律向每一个公民负责。”列宁继承和发展了马克思恩格斯关于公民遵守法律的思想，并进一步强调党和国家机关工作人员应该更加严格遵守法律。他指出：“按照我们工农共和国的法律，他们应该是苏维埃的代表，是勤恳工作和严格按法律办事的模范。”列宁还强调党员如果违法，处理将更加严厉：通令司法人民委员部（抄送各省党委），法庭对党员的惩处必须严于非党员。

马克思主义经典作家关于法治的思想，是马克思主义法学的重要组成部分，是我们今天开展社会主义法治建设的理论基础，对于我们进一步推进全面依法治国具有重要的指导意义。

四、我国社会主义法治建设的历史进程

1949 年中华人民共和国的建立，开启了中国法治建设的新纪元。从 1949 年到 20 世纪 50 年代中期，是中国社会主义法制的初创时期。这一时期中国制定了具有临时宪法性质的《中国人民政治协商会议共同纲领》和其他一系列法律、法令，对巩固新生的共和国政权，维护社会秩序和恢复国民经济，起到了重要作用。1954 年第一届全国人民代表大会第一次会议通过新中国第一部宪法，还通过全国人大组织法、国务院组织法、地方组织法、法院和检察院组织法等一系列法律，规定了国家的政治制度、经济制度和公民的权利与自由，规范了国家机关的组织和职权，确立了国家法制的基本原则，初步奠定了中国法治建设的基础。

20 世纪 50 年代后期以后，特别是“文化大革命”（1966—1976 年）期间，受极左思潮和法律虚无主义的影响，中国社会主义法制遭到严重破坏。

20 世纪 70 年代末，我们党总结历史经验，特别是汲取“文化大革命”的惨痛教训，作出把国家工作中心转移到社会主义现代化建

设上来的重大决策，强调为了保障人民民主，必须加强社会主义法制，使民主制度化、法律化，使这种制度和法律具有稳定性、连续性和极大的权威。邓小平同志强调指出，要“使这种制度和法律不因领导人的改变而改变，不因领导人的看法和注意力的改变而改变”。我们党提出“有法可依，有法必依，执法必严，违法必究”的社会主义法制建设十六字方针。在发展社会主义民主、健全社会主义法制的基本方针指引下，现行《宪法》以及《刑法》、《刑事诉讼法》、《民事诉讼法》、《民法通则》、《行政诉讼法》等一批基本法律出台，中国的法制建设进入了全新发展阶段。

20 世纪 90 年代，我国开始全面推进社会主义市场经济建设，由此进一步奠定了法治建设的经济基础，也对法治建设提出了更高的要求。1993 年，党的十四届三中全会作出建立社会主义市场经济体制的决定，第一次提出要建立和完善社会主义市场经济法律体系。1997 年召开的党的十五大，将“依法治国”确立为基本治国方略，将“建设社会主义法治国家”确定为社会主义现代化的重要目标，并提出了建设中国特色社会主义法律体系的重大任务。1999 年，将“中华人民共和国实行依法治国，建设社会主义法治国家”作为治国方略载入宪法。中国的法治建设揭开了新篇章。

进入 21 世纪，中国的法治建设继续向前推进。2002 年党的十六大将社会主义民主更加完善，社会主义法制更加完备，依法治国基本方略得到全面落实，作为全面建设小康社会的重要目标。2004 年，将“国家尊重和保障人权”载入宪法。2007 年党的十七大明确提出全面落实依法治国基本方略，加快建设社会主义法治国家，并对加强社会主义法治建设作出了全面部署。2012 年党的十八大强调全面推进依法治国，把依法治国方略全面落实，法治政府基本建成，司法公信力不断提高，人权得到切实尊重和保障作为全面建成小康社会的奋斗目标，并将法治纳入社会主义核心价值观。

可以说，新中国成立以来，特别是改革开放 30 多年来，经过长期持续不懈的努力，依法治国基本方略和依法执政基本方式已经确立，中国特色社会主义法律体系已经形成，法治政府建设稳步推进，司法体制不断完善，全社会法治观念明显增强，我国的法治建设取得了历史性成就。

五、社会主义法治建设的新的里程碑

党的十八大以来，以习近平同志为总书记的党中央高度重视法治，就加强法治建设作出一系列重要部署，为加快建设社会主义法治国家进一步指明了方向和道路。党的十八届三中全会提出建设法治中国的新要求，而 2014 年召开的党的十八届四中全会，是党的历史上第一次以全面推进依法治国为主题的全会，全会通过的《中共中央关于全面推进依法治国若干重大问题的决定》（简称《决定》）和习近平总书记在全会上发表的重要讲话以及关于《决定》所作的说明，科学回答了全面推进依法治国的一系列重大理论和实践问题，为加快建设社会主义法治国家、推进国家治理体系和治理能力现代化勾画了新的蓝图，是社会主义法治建设的新的里程碑。

——全会深刻阐述了新的历史起点上全面推进依法治国的重大意义。首先，全面推进依法治国，是全面建成小康社会、实现中华民族伟大复兴的中国梦的迫切要求。这在根本上要依靠法治来保障，需要把全面推进依法治国放在更加突出、更加重要的全局性、基础性和战略性地位。其次，全面推进依法治国，是全面深化改革、完善和发展中国特色社会主义制度的基本方式。要把全面深化改革的各项部署贯彻落实到经济政治和社会生活的方方面面，需要依靠法治来配合和保驾护航。最后，全面推进依法治国，是提高党的执政能力和执政水平的重要途径。依法执政同科学执政、民主执政一道，是中国共产党治国理政的基本方式。法治建设的状况和立法、执法水平直接关系和体现党的执政能力。

——全会深刻阐述了一系列事关社会主义法治建设的重大理论和实践问题，把我们对中国特色社会主义法治的认识推进到了一个新阶段。全会通过的《决定》第一次明确提出建设中国特色社会主义法治体系，第一次以全会文件的形式阐明了党的领导和依法治国的关系，第一次明确提出依法治国是实现国家治理体系和治理能力现代化的必然要求，第一次将守法提高到与立法、执法、司法在依法治国中同等重要的地位，第一次明确了“党法”与“国法”的衔接协调，第一次提出设立国家宪法日，等等。这些全面推进依法治国的重大突破和创新举措，充分体现了我们党对法治建设本质规律的深刻把握，具有理论和实践创新的重大意义。

——全会对全面推进依法治国作出了战略部署。全会提出了完善以宪法为核心的中国特色社会主义法律体系，加强宪法实施；深入推进依法行政，加快建设法治政府；保证公正司法，提高司法公信力；增强全民法治观念，推进法治社会建设；加强法治工作队伍建设；加强和改进党对全面推进依法治国的领导六项任务。这些任务涉及依法治国各个方面和各个环节，覆盖了法治工作的基本格局，是我们推进法治建设的基本遵循。

总的来看，全会作出的重大部署、取得的主要成果，必将有力推动全面建设法治国家、法治政府和法治社会进程，对于全面建成小康社会、实现中华民族伟大复兴的中国梦，意义重大而深远。因此，我们今天谈论研究法治，不可能脱离党的十八届四中全会作出的阐述与部署而另讲一套。本书将结合党的十八届四中全会精神，对作为社会主义核心价值观基本内容之一的法治、对社会主义法治建设的理论和实践进行一次全景式的介绍与讲解。

第二章

走法治正道：坚持中国特色社会主义法治道路

俗话说，道路决定命运。我们无论干什么事情，只有找对路、走正道，才能最终取得成功。同样，我们今天谈法治，也有一个走什么道路的问题。走对了，就能一路顺风顺水；走错了，就有可能南辕北辙，失去方向。

当今世界，很多国家都把法治作为治国的基本原则，但采取什么样的法治模式，走什么样的法治道路，则必须与本国国情和社会制度相适应。我们国家，作为一个社会主义国家，作为世界上最大的发展中国家，搞法治建设，必须牢牢立足于国情，穿“合脚的鞋”，走自己的路。

一、中国特色社会主义法治道路“特”在哪儿

法治作为上层建筑，是由经济基础决定的，是一个国家在特定经济、政治和文化条件下的治国模式。世界上没有放之四海而皆准的法治道路。社会制度不同的国家，法治道路必然不同；社会制度相近但历史文化传统不同的国家，法治道路也必然不同。纵观世界近现代史，西方资本主义国家走向法治的道路就各不相同。英国也好，法国也好，美国也好，它们今天的法治模式之所以彼此相异，就是与其各自国家不同的历史文化传统、社会条件等因素密切相关的。放眼世界可以看到，已经实现法治或正在成功推进法治的国家，无一不是选择了适合本国国情的法治道路；违背国情、盲目照搬别国法治模式的国家，大都遭遇挫折、走了很多弯路。

延伸阅读

西方主要国家不同的法治道路

近代以来，西方资本主义国家走向法治的道路各不相同。英

国是近代西方法治的发源地，具有久远的法治传统，总体上是渐进、妥协、不流血地走向资本主义法治的。法国中世纪缺乏法治传统，近代以来在暴风骤雨式的变革中逐步实现了法治。美国原先是英国的殖民地，首先在社区、村镇带来了英国的法治传统，继而在州推行法治，再逐步实现联邦法治，其法治历程是逐步自下而上实现的。

正是基于历史与现实的经验教训、立足于我国的基本国情，党的十八届四中全会提出，全面推进依法治国必须坚定不移走中国特色社会主义法治道路。这抓住了我国法治建设的根本，向国内外明确宣示了法治中国建设的方向。

中国特色社会主义法治道路，是中国特色社会主义道路这条总道路的重要组成部分，是总道路在法治建设领域的具体体现。作为迈向法治中国的必由之路，中国特色社会主义法治道路指明了中国法治建设的目标和方向、经验和原则、任务和要求等，内涵十分丰富。具体来讲，大致包含以下八个方面的要素。

一是制度基础，即中国特色社会主义制度。二是领导核心，即中国共产党。三是指导思想，即马克思列宁主义、毛泽东思想、邓小平理论、“三个代表”重要思想、科学发展观和习近平总书记系列重要讲话精神。四是总目标，即建设中国特色社会主义法治体系，建设社会主义法治国家。五是总要求，即坚持党的领导、人民当家作主、依法治国有机统一。六是基本遵循，即坚持中国共产党的领导，坚持人民主体地位，坚持法律面前人人平等，坚持依法治国和以德治国相结合，坚持从中国实际出发。七是总布局，即坚持依法治国、依法执政、依法行政共同推进，坚持法治国家、法治政府、法治社会一体建设。八是总方向，即实现科学立法、严格执法、公正司法、全民守法，促进国家治理体系和治理能力现代化。

总的来说，中国特色社会主义法治道路的核心要义，就是坚持党的领导，坚持中国特色社会主义制度，贯彻中国特色社会主义法治理论。这条道路是特色鲜明、优势突出的法治建设之路。那么，它到底“特”在何处呢？综合一些理论界的看法，可以看到，这条道路主要实现了如下几个统一。

——坚持党的领导、人民当家作主与依法治国的有机统一。不同于西方国家的政党、民主、法治的关系，坚持党的领导、人民当家作主与依法治国的有机统一是中国特色社会主义法治道路最显著的特征。党的领导是人民当家作主和依法治国的根本保证，离开党的领导，人民当家作主和依法治国就会失去正确方向，从而流于空谈。人民当家作主是社会主义民主政治的本质和核心，离开人民当家作主，党的领导和依法治国就会失去群众基础。依法治国是党领导人民治理国家的基本方略，离开依法治国，党的领导和人民当家作主就会失去可靠的法律保障。只有坚持党的领导、人民当家作主与依法治国的有机统一，才能真正理解中国特色社会主义法治道路的精神实质。

延伸阅读

党的领导、人民当家作主和依法治国的关系

首先，党的领导是人民当家作主和依法治国的根本保证。我国这样一个发展中大国，离开了共产党的领导，就不可能把全国人民的力量和意志凝聚起来，发展社会主义民主也就无从谈起。其次，人民当家作主是社会主义民主政治的本质要求，是社会主义政治文明建设的根本出发点和归宿。社会主义民主政治的本质是人民当家作主。共产党执政就是领导和支持人民当家作主。党只有领导人民创造各种有效的当家作主的民主形式，坚持依法治国，才能充分实现人民当家作主的权利，巩固和发展党的执政地位。最后，依法治国是党领导人民治理国家的基本方略。依法治国与人民民主、党的领导是紧密联系、相辅相成、相互促进的。

依法治国不仅从制度上、法律上保证人民当家作主，而且也从制度上、法律上保证党的执政地位。人民在党的领导下，依照宪法和法律治理国家，管理社会事务和经济文化事业，保障自己当家作主的各项民主权利，这是依法治国的实质。依法治国的过程，实际上就是在党的领导下，维护人民主人翁地位的过程，保证人民实现当家作主的过程。

——法治国家、法治政府与法治社会的有机统一。法治国家是指整个国家权力运行的法治化。法治政府主要指行政权行使的法治化。法治社会则意味着在经济和社会生活领域有法可依、有法必依，无论是公民还是法人，都尊重法律、维护法律的尊严和权威。国家、政府、社会紧密相关、密不可分，法治国家、法治政府与法治社会是互为依存、相辅相成的。法治国家是法治政府的前提，法治政府是法治国家的关键，法治国家、法治政府引领法治社会，法治社会构成法治国家、法治政府的社会基础。中国特色社会主义法治道路，内在地体现了法治国家、法治政府、法治社会一体建设的要求。

——依法治国、依法执政、依法行政的有机统一。依法治国、依法执政、依法行政的有机统一，是党的领导、人民当家作主、依法治国的有机统一的逻辑延伸。依法执政是我们党以法治的理念、方式和程序治理国家，是党的一种执政方式。依法行政是行政机关及其工作人员按照宪法和法律行使职权。依法治国、依法执政、依法行政，都是按照宪法和法律，在法律范围内活动。依法执政、依法行政，虽然行为主体不同，但都是贯彻依法治国的具体体现。

——植根中国实际与借鉴人类社会法治文明成果的有机统一。我们走中国特色社会主义法治道路，首先是根据中国国情，自主地发展自己，走自己的路。但我们并不排斥学习借鉴人类社会法治文明成果。法治是人类政治文明的重要成果，是社会文明进步的重要标志。近代以来，西方国家基于启蒙思想而形成的依法而治、权力制约、法律面前人人平等、契约自由、罪刑法定、正当程序等法治理念，反映了人类法治文明的重要成果，需要我们积极学习和借鉴。但西方法治理念和法治模式并不具有普适性，更不代表人类法治文明的唯一方向，绝不能照抄照搬西方法治理念和法治模式。

二、中国特色社会主义法治道路要走向哪儿

道路指引方向，道路汇聚力量。一条好的道路，必然会指引我们走向光明的前景，实现美好的蓝图。中国特色社会主义法治道路指引的前景、蓝图，就是党的十八届四中全会明确提出的全面推进依法治国的总目标，即建设中国特色社会主义法治体系，建设社会主义法治国家。这一总目标内涵丰富，大致由以下四部分构成。

——实现总目标的根本要求。这就是坚持中国共产党领导，坚持中国特色社会主义制度，贯彻中国特色社会主义法治理论。这三句话，明确了全面推进依法治国的领导力量、制度基础、理论指导，是实现总目标必须牢牢把握的最根本的东西。

——实现总目标的制度支撑。这就是建设社会主义法治体系，包括形成完备的法律规范体系、高效的法治实施体系、严密的法治监督体系、有力的法治保障体系，形成完善的党内法规体系。这个“4＋1”组成的五大体系，涵盖了法律制定与法律实施、法治运行与保障机制、依法治国与从严治党等各个层面、各个环节。

——实现总目标的工作布局。这就是两个“三位一体”：坚持依法治国、依法执政、依法行政共同推进，坚持法治国家、法治政府、法治社会一体建设。全面推进依法治国是一项庞大的系统工程，涉及国家治理、执政、行政等问题，涉及党、国家、公民等不同的行为主体，应该如何推进、如何实施呢？必须统筹兼顾、突出重点、

整体谋划，在“共同推进”上着力，在“一体建设”上用劲，更加重视法治建设的全面、协调发展，更加重视调动各方面的主动性、积极性。

——实现总目标的努力方向。法治建设既是法治本身的“自转”，也是围绕中国特色社会主义事业的“公转”。通过法治建设，我们要达到什么样的效果呢？从法治建设本身看，就是要实现“科学立法、严格执法、公正司法、全民守法”的目标；从中国特色社会主义事业大局看，就是要着眼于更好更优的国家治理，促进国家治理体系和治理能力现代化，为全面建成小康社会、全面深化改革、全面从严治党提供有力的法治保障。

三、走好中国特色社会主义法治道路有哪些遵循

修筑好一条宽阔、平坦、坚实的大道，是很不容易的，需要开山凿路、平整路基、浇铸路面、划设交通标志等多个环节的工作。同样，走好中国特色社会主义法治道路，也并非易事，不仅需要脚踏实地的努力，更需要一些重要原则的指引和护路领航。

为了走好中国特色社会主义法治道路、顺利实现全面推进依法治国总目标，党的十八届四中全会明确提出了我们必须坚持的五个重要原则，即坚持中国共产党的领导、坚持人民主体地位、坚持法律面前人人平等、坚持依法治国和以德治国相结合、坚持从中国实际出发。这五个原则的提出，回答了社会普遍关心的涉及依法治国的许多重大理论和实践问题，是全面推进依法治国的重要遵循。

坚持中国共产党的领导，这个原则强调的是政治保证问题。党是我们的主心骨，坚持党的领导是社会主义法治的根本要求，是全面推进依法治国的题中应有之义。全面推进依法治国，要有利于加

强和改善党的领导，有利于巩固党的执政地位、完成党的执政使命，绝不是要削弱党的领导。要把坚持党的领导贯彻到依法治国全过程和各方面，真正做到党领导立法、保证执法、支持司法、带头守法，不断提高党领导法治建设的能力和水平。

坚持人民主体地位，这个原则强调的是力量源泉问题。人民是国家和社会的主人，人民当家作主是依法治国的前提和目的。法治建设只有坚持为了人民、依靠人民、造福人民、保护人民，充分发挥人民主体作用，才能把体现人民利益、反映人民愿望、维护人民权益、增进人民福祉落实到依法治国全过程。要坚持和完善人民代表大会制度这个保证人民当家作主的根本政治制度，更好地实现坚持党的领导、人民当家作主、依法治国的有机统一。

坚持法律面前人人平等，这个原则强调的是价值追求问题。平等是社会主义法律的基本属性，是社会主义法治的基本要求。全面推进依法治国，必须坚持法律面前人人平等，使依法治国的过程成为促进和维护社会公平正义的过程。要把法律面前人人平等贯彻到立法、执法、司法、守法等各个方面，任何组织和个人都必须尊重宪法法律权威，都必须在宪法法律范围内活动，都必须依照宪法法律行使权力或权利、履行职责或义务，都不得拥有超越宪法法律的特权。

坚持依法治国和以德治国相结合，这个原则强调的是精神支撑问题。法律和道德具有天然的联系和共同的价值取向。法律是成文的道德，道德是内心的法律，两者都具有规范社会行为、维护社会秩序的重要作用。在全面推进依法治国进程中，要坚持一手抓法治、一手抓德治，大力弘扬社会主义核心价值观，弘扬中华传统美德，既重视发挥法律的规范作用，又重视发挥道德的教化作用，实现良法和美德相辅相成、法治和德治相得益彰。

坚持从中国实际出发，这个原则强调的是实践基础问题。建设什么样的法治体系，实现什么样的法治目标，是由一个国家的基本国情所决定的。全面推进依法治国，必须从我国实际和国情出发，突出中国特色、实践特色、时代特色，认真总结和运用党领导人民建设法治的成功经验，汲取中华法律文化精华，借鉴国外法治文明成果，围绕社会主义法治建设重大理论和实践问题，推进法治理论创新，推动法治实践发展。

一条法治大道已经在脚下徐徐展开，只要我们遵循五大原则的指引，就一定能够顺利实现全面推进依法治国的总目标。同时，走在这条路上，我们一定要挺起胸膛、增强自信，不为那些质疑我们道路的议论所动摇，不为那些宣扬西方法治理念和模式的言论所迷惑，坚定不移地走下去，走好走开这条法治的人间正道。

第三章

固安邦之本：坚持依宪治国、依宪执政

“我是中华人民共和国检察官，我宣誓：忠于国家、忠于人民、忠于宪法和法律……”2014年12月4日，我国迎来第一个国家宪法日，在最高人民检察院检察长曹建明的带领下，最高检院领导、专职检委会委员以及180多名最高检新任和新晋升人民检察官，身着统一检察制服，面对宪法，高举右拳，庄严宣誓。设立宪法日、建立宪法宣誓制度，是维护宪法权威的生动写照。宪法是国家的根本法，是治国安邦的总章程。党的十八届四中全会明确提出，坚持依法治国首先要坚持依宪治国，确认了宪法在建设法治中国中的核心地位，阐述了依宪治国之于依法治国的重大作用，对全面推进依法治国、加快建设社会主义法治国家具有重大意义。

一、宪法是国家的根本法

坚持依法治国首先要坚持依宪治国，这是由宪法的根本法和最高法地位决定的。我国现行《宪法》序言明确规定：“本宪法以法律的形式确认了中国各族人民奋斗的成果，规定了国家的根本制度和根本任务，是国家的根本法，具有最高的法律效力。”这段话告诉我们，宪法首先是法，具有法的所有属性。但是宪法又不是一般的法，而是国家的根本法。如果说普通法律是一棵树上的众多树枝，那么宪法就是树根，是普通法律的根本所在。宪法作为国家根本法的地位，决定了依法治国首先是依宪治国。

宪法规定了一个国家最根本的问题。宪法的内容涉及国家的政治、经济、文化、社会、对外交往等各方面的重大原则性问题，涉及国家的根本制度。我国宪法以国家根本法的形式，规定了国家的指导思想、根本制度、根本任务、国家性质、政权组织形式、国家结构形式、公民的基本权利和义务、中央和地方国家机构的设置以及各国家机关之间的相互关系等。也就是说，一个国家最重要的制度体系、思想基础和活动准则等国家生活中最根本的问题，都在宪法中得到确认和体现。而普通法律大都只涉及国家生活或社会生活中某一方面的问题，比如，民法规定的是民事方面的制度，刑法规定的是犯罪和刑罚方面的制度，等等。

宪法具有最高的法律效力。宪法在中国特色社会主义法律体系中居于统率地位，具有最高的法律地位、法律权威、法律效力。首先，宪法是立法的根据和基础。马克思曾说过，宪法是法律的法律。普通法律是根据宪法制定的，是宪法精神、原则和制度的具体化。在很多法律中，通常会在第一条明确规定："根据宪法，制定本法。"一切法律、行政法规和地方性法规都不得同宪法相抵触，任何与宪法相抵触的法律法规都应通过法定途径和法定程序撤销或宣布无效。也正是在这个意义上，我们讲宪法是母法，普通法律是子法。其次，宪法是一切组织和个人的根本活动准则。全国各族人民、一切国家机关和武装力量、各政党和各社会团体、各企业事业组织，都必须以宪法为根本的活动准则，并且负有维护宪法尊严、保证宪法实施的职责。任何组织或者个人，都不得有超越宪法和法律的特权。一切违反宪法和法律的行为，都必须予以追究。

宪法的制定和修改程序更为严格。与普通法律的制定相比较，宪法的制定一般要求成立一个专门机构，如美国在费城召开制宪会议起草了1787年宪法，我国为制定1954年宪法，成立了以毛泽东同志为主席的宪法起草委员会。而一般情况下，普通法律的制定由常设的立法机关负责，无须成立专门机构。与普通法律的修改相比较，只有宪法规定的特定主体才可提出修改宪法的议案，并且通过程序更为严格。如我国宪法规定，宪法的修改由全国人民代表大会常务委员会或者1/5以上的全国人民代表大会代表提议，并由全国人民代表大会以全体代表的2/3以上的多数通过。而有权提议普通法律修改的主体更为广泛一些，其修改由全国人民代表大会以全体代表的过半数通过即可。

30 多年来，随着 1982 年宪法的诞生，一系列具有深刻影响的富有中国社会主义特色的法治制度得以确认，“国家一切权力属于人民”充分体现了依宪治国的精神，公民的权利和自由不断扩展，诸如“法律面前人人平等”、“废除国家领导人职务终身制”、“差额选举”、“直接选举”等现代政治理念成为真实生动的政治实践。此后，改革推动修宪，修宪保障改革的互动效应一路唱响，“市场经济”、“依法治国”、“保障人权”、“保护私产”等现代依宪治国、依宪执政思维先后入宪，不断刷新着社会意识和国家价值观，使宪法更加完善，更加符合国情，更加反映时代精神，更加适应全面建成小康社会和开创中国特色社会主义事业新局面的要求。今天，宪法所确立的制度、原则和理念日益成熟定型，日益深入人心，宪法已经并将继续展现出旺盛的生命力和巨大的优越性。

坚持依法治国首先要坚持依宪治国的提出，彰显了我们党坚持依法治国、依宪治国的鲜明态度和坚定决心，确立了宪法在国家治理体系和治理能力法治化中的核心地位。党的十八届四中全会站在全面推进依法治国的高度，对维护宪法权威、加强宪法实施提出了明确要求，必将把全面贯彻实施宪法提高到一个新水平。

二、增强宪法的权威

宪法法律权威，就是指宪法法律在整个社会调整机制和全部社会规范体系中居于主导地位，坚守法律面前人人平等原则，任何组织、任何政党都要在宪法和法律的范围内活动，任何人都没有超越宪法和法律的特权。法治有没有权威，首先要看宪法有没有权威。我国宪法反映了我国各族人民的共同意志和根本利益，是党的主张和人民意志的高度统一。宪法权威代表党的权威、人民的权威。维护宪法权威就是维护党和人民共同意志的权威。

要维护宪法权威，首先要尊重、爱护与信任宪法文本，对宪法文本要持历史的、客观的和宽容的评价，它并非单纯是法律文件，而是代表了国家精神，任何回避乃至消解宪法文本的做法都是对国家价值观的伤害。其次，维护宪法权威必须加强宪法实施，这是通过宪法凝聚民心、真正建成社会主义法治国家的根本途径。“宪法的生命在于实施，宪法的权威也在于实施。”宪法实施对于宪法权威的意义是不言而喻的。宪法实施是维护社会共同体价值的基础与过程，宪法实施状况的好坏决定了转型时期能否在根本价值层面上维护国家的稳定和社会的良好发展。只有认真贯彻实施宪法，坚持和完善宪法确立的各项制度和体制，才能保证改革开放和中国特色社会主义事业不断向前发展，保证最广大人民的根本利益不断得到实现。

总结我国宪法制度发展历程，能够深刻地体会到，只有切实尊重和有效实施宪法，树立宪法权威，人民当家作主才有保证，党和国家事业才能顺利发展。反之，如果宪法没有权威，受到漠视、削弱甚至破坏，人民权利和自由就无法保证，党和国家事业就会遭受挫折。党的十八大以来，以习近平同志为总书记的新一届中央领导集体高度重视维护宪法权威、保证宪法实施。2012 年 12 月 4 日，当选中共中央总书记仅 20 天，习近平总书记就在纪念现行宪法公布施行 30 周年大会上发表讲话，重申宪法高于一切，强调要保证宪法全面有效实施。2013 年 2 月，习近平同志在中央政治局第四次集体学习时的讲话中指出，要加强宪法和法律实施，维护社会主义法制的统一、尊严、权威。2013 年 11 月召开的党的十八届三中全会再次提到，要维护宪法法律权威，坚持法律面前人人平等，任何组织或者个人都不得有超越宪法法律的特权，一切违反宪法法律的行为都必须予以追究。2014 年 10 月召开的党的十八届四中全会，更是对增强宪法权威作了全面系统的论述，对进一步增强宪法权威必将起到重要的推动作用。

应该说，改革开放以来我们在实施宪法方面取得了很大成绩，同时也要看到，宪法的实施、宪法权威的维护还存在很多不足，主要表现在：现有的宪法性法律原则性太强，具体化、规则化不够；在一些重要的有关国家权力和公民基本权利领域，还存在宪法性法律缺位的情况；保证宪法实施的监督机制还不健全，监督成效不大；宪法意识未在社会中真正树立，群众在现实生活中难以全面地感受到宪法所带来的价值，许多人存在“法律很近，宪法较远”的错误想法，一些领导干部的宪法意识还有待进一步提高；等等。因此，增强宪法权威、保证宪法实施，仍然是我们当前和今后一个长期的任务。

三、健全宪法实施和监督制度

2012 年 12 月 4 日，习近平总书记在纪念现行宪法公布施行 30 周年大会上庄严指出：“宪法的生命在于实施，宪法的权威也在于实施。”可见，宪法的力量不仅因其地位崇高，更在于其有效的实施。

全面贯彻实施宪法，是建设社会主义法治国家的首要任务和基础性工作。党的十八届四中全会对进一步加强宪法实施提出了明确要求，制定了具体措施。要通过贯彻好、落实好这些要求和措施，使一切违反宪法的行为都得以追究和纠正。

宪法监督制度要完善。没有监督制度，宪法就缺乏保障。目前，世界上有三种宪法监督模式，即议会或权力机关监督模式、普通法院监督模式、专门机构监督模式。我国宪法规定，全国人大及其常委会负责监督宪法的实施。这体现了全国人大是最高国家权力机关、代表人民统一行使国家权力的制度设计，实践证明符合我国国情。党的十八届四中全会强调“完善全国人大及其常委会宪法监督制度”，既突出了全国人大及其常委会具有最高的宪法监督权，又指明了推进宪法监督制度化的努力方向。要健全监督机制和程序，进一步明确全国人大及其常委会进行宪法监督的对象、范围、方式等，将原则性要求具体化、程序化，使宪法监督更规范、更有效。

宪法解释要用好。宪法解释是宪法制定者或依照宪法的规定享有宪法解释权的国家机关，对已经存在并且正在生效的宪法规范的含义所作出的说明。它比宪法修改更为灵活，更有利于节约立法成本，保持宪法的稳定性。在全面建成小康社会的决定性阶段，更加需要运用宪法解释，依法解决改革发展面临的新情况新问题。为推进宪法解释具体化、制度化，党的十八届四中全会强调，“健全宪法解释程序机制”。要建立完善宪法解释制度，保证宪法解释贯彻落实，同宪法修改等优势互补，与法律解释等同步推进，使宪法在保持稳定性和权威性的基础上与时俱进。

备案审查能力要提高。对法律、行政法规、地方性法规等进行备案审查，是宪法监督的重要内容和环节。据统计，截至 2013 年底，全国人大常委会累计收到报备案的行政法规 502 件、地方性法规（包括自治条例和单行条例）22 253 件、司法解释 189 件，对在审查中发现的同宪法法律相抵触的问题，已督促制定机关修改或废止。要加强备案审查制度和能力建设，把所有规范性文件纳入备案审查范围，依法撤销和纠正违宪违法的规范性文件，禁止地方制发带有立法性质的文件，要健全完善备案审查机制，增强备案审查实际效能，维护宪法和法律统一。

四、在全社会弘扬宪法精神

宪法的根基在于人民发自内心的拥护，宪法的伟力在于人民出自真诚的信仰。只有宪法精神、宪法理念深入人心，宪法权威才能真正树立起来。

延伸阅读

我国依宪执政与西方宪政有何不同

全国人大常委会法工委研究室主任梁鹰指出，我国依宪治国、依宪执政与西方宪政有着本质区别。第一，制度基础不同。西方宪政建立在资本主义宪法基础上，本质上是资产阶级统治的工具。我国依宪执政，出发点和落脚点都是实现好、维护好、发展好最广大人民的根本利益。第二，领导力量不同。西方宪政民主无论两党制还是多党制或其他形式，选出的都是资本和资产阶级利益的代言人。我国依宪执政，是在坚持党的领导的前提下，通过尊重宪法权威、维护宪法尊严、推进宪法实施、加强宪法监督，实现党治国理政和管党治党的各项政策和目标。第三，权力主体不同。西方宪政民主表面上看是“普遍平等”、“一人一票”，但实际上，选举背后真正起决定作用的是各种资本力量、利益集团或少数精英群体力量。我国宪法庄严宣告，中华人民共和国的一切权力属于人民。人民依照宪法和法律的规定，通过各种途径和形式，管理国家事务，管理经济和文化事业，管理社会事务。第四，权力行使方式不同。西方资本主义宪政民主通过实行“三权分立”来维护资本和资产阶级利益。根据我国宪法，人民代表大会是国家权力机关，国家行政机关、审判机关、检察机关都由人民代表大会产生，对它负责，受它监督，可以确保国家权力始终掌握在人民手中。第五，具体历史条件不同。西方宪政是对西方资本主义国家政治发展模式的概括，是西方法学理论对自身经验的理论总结。我们所坚持的依宪治国、依宪执政，是在中国特色社会主义法治道路上形成的，是符合中国国情、行之有效的法治实践的产物。

近年来，随着我国法治建设的推进，宪法在中国特色社会主义法律体系中的核心地位已经形成，人民当家作主的宪法精神不断深入人心。当然，培育和弘扬宪法精神是一个长期的过程，与建设中国特色社会主义法治国家的目标要求相比，全社会自觉遵守、维护、运用宪法的意识还需要不断加强。党的十八届四中全会提出，要在全社会普遍开展宪法教育，弘扬宪法精神，同时全会还提出了一些重大举措。要结合实际深入开展宪法教育，使宪法走入人民群众，真正成为全体人民的自觉行动。

以设立国家宪法日弘扬宪法精神。设立纪念宪法的节日，是很多国家的通行做法，目的是增强全社会宪法意识，用宪法凝聚社会共识、激发公民责任。比如，西班牙将公民投票通过宪法的日子定为国家宪法节，丹麦的宪法日是法定节日，人们在这一天以悬挂国旗等方式庆祝。为纪念 1982 年 12 月 4 日我国现行宪法的通过，党的十八届四中全会提出设立国家宪法日。2014 年 10 月 27 日，全国人大常委会通过了关于设立国家宪法日的决定，明确将 12 月 4 日设立为国家宪法日。在这一天，国家通过多种形式开展宪法宣传教育活动。

通过宪法宣誓制度彰显宪法权威。在世界上 142 个有成文宪法的国家中，规定相关国家公职人员必须宣誓拥护或效忠宪法的有 97 个。关于宪法宣誓的主体、内容、程序，各国做法不尽相同，一般都在有关人员开始履行职务之前或就职时举行宣誓。党的十八届四中全会提出，凡经人大及其常委会选举或者决定任命的国家工作人员正式就职时公开向宪法宣誓。这样做有利于彰显宪法权威，增强公职人员宪法观念，激励公职人员忠于和维护宪法，也有利于在全社会增强宪法意识、树立宪法权威。

党员干部要带头遵守和维护宪法。党员干部和国家机关工作人员在遵守和维护宪法中具有引领和示范作用。要把宪法作为各级党政领导干部学习的重要内容，教育广大党员干部特别是领导干部带头树立宪法意识、培养宪法思维，把宪法作为判断大是大非的准绳；带头严格依宪法办事，增强依宪观察、分析和解决现实问题的能力；带头推动宪法实践，认真履行宪法赋予的职责，同一切破坏宪法权威、践踏宪法尊严的行为作斗争，使宪法真正成为国家治理的最高规则和开展工作必须遵循的根本原则。

第四章

立良善之法：推进科学立法、民主立法

2015 年 3 月 15 日，十二届全国人大三次会议表决通过了《关于修改〈中华人民共和国立法法〉的决定》。这是我国 15 年来首次修改《立法法》。引发了全社会的广泛关注。普遍认为，有“小宪法”之称的《立法法》的修改，将对全面推进依法治国起到强大推动作用。

法的存在是法治的前提，立法是法治的龙头环节，龙头昂起来，龙才可能腾飞起来。全面推进依法治国，建设中国特色社会主义法治体系，必须坚持以立法为“开路先锋”，发挥立法的引领和推动作用。党的十八届四中全会突出强调深入推进科学立法、民主立法，使每一项立法都符合宪法精神、反映人民意志、得到人民拥护。相较于 30 多年前提出“有法可依”，这是一个重大的跃升，标志着中国立法工作正在实现从“数量型”向“质量型”的历史性跨越。

一、为什么要推进科学立法、民主立法

新中国成立以来，特别是改革开放 30 多年来，立法工作取得了历史性成就。1997 年，党的十五大明确提出“到 2010 年形成有中国特色社会主义法律体系”，2010 年底这一历史任务如期完成，意味着涵盖国家生活和社会生活各个方面的法律部门已经齐全，各个法律部门中基本的、主要的法律已经制定，相应的行政法规和地方性法规比较完备，总体上解决了我国法治建设“有法可依”的问题。这是我国法治进程中的一座重要里程碑。

中国特色社会主义法律体系已经形成，是不是意味着立法工作的使命就结束了呢？答案是否定的。

现在，随着法律体系的形成，人民群众对立法的期待，已经不是有没有法律法规，而是法律法规好不好、管不管用、能不能解决实际问题。古人说过：“立善法于天下，则天下治；立善法于一国，则一国治。”可见，不是所有的法都能治国，不是所有的法都能治好

国，唯有良法才是善治之前提。如果立法先天不足，存在这样那样的问题，执法、司法、守法就不可避免地会出现问题，引起不良后果。因此，立法的质量直接关系国家法治的质量，我们越是强调依法治国，越是强调发挥立法在改革发展中的引领和推动作用，就越要注重提高立法质量，增强法律的及时性、系统性、针对性、有效性，努力使我们的法律立得住、行得通，切实管用。

提高立法质量，立良善之法，根本途径在于深入推进科学立法、民主立法。应该说，近些年来在形成和不断完善中国特色社会主义法律体系的进程中，各级立法机关都比较重视科学立法、民主立法，法律体系内部总体上做到了科学、和谐、统一。但也要看到，由于多种原因的影响，立法工作中也还存在一些不容忽视的问题，与新形势新任务的需要还不相适应，与党和国家的要求、人民群众的期待相比还存在差距。比如，一些法律法规全面反映客观规律和人民意愿不够，解决实际问题有效性不足，针对性、可操作性不强；立法效率需要进一步提高；立法工作中部门化倾向、争权诿责现象较为突出；一些地方利用法规实行地方保护主义，损害国家法治统一；等等。这些问题严重影响了立法质量的提高，影响了法律法规的有效实施和人民群众对法律法规的信赖。为此，必须认真落实党的十八届三中、四中全会要求，不断推进科学立法、民主立法。

延伸阅读

修改后的《立法法》的六大亮点

2015年3月15日，十二届全国人大三次会议表决通过了《关于修改〈中华人民共和国立法法〉的决定》。这是中国15年来首次修改《立法法》。修改后的《立法法》六大亮点引发关注。

亮点一：规范授权立法。修改后的《立法法》规定：授权决定应当明确授权的目的、事项、范围、期限以及被授权机关实施授权决定应当遵循的原则等，授权的期限不得超过五年。

亮点二：授予设区的市地方立法权。修改前的《立法法》规定，享有地方立法权的设区的市有 49 个，尚没有地方立法权的有 235 个。此次《立法法》修改依法赋予设区的市地方立法权，这意味着具有地方立法权的市实现扩围。

亮点三：明确细化“税收法定”原则。修改后的《立法法》将“税收”专设一项作为第六项，明确“税种的设立、税率的确定和税收征收管理等税收基本制度”只能由法律规定。这意味着，今后政府收什么税、向谁收、收多少、怎么收等问题，都要通过人大立法决定。

亮点四：界定部门规章和地方政府规章边界。修改后的《立法法》对于部门规章和地方政府规章权限进行规范，这样一些地方限行、限购等行政手段就不能那么“任性”了。

亮点五：加强备案审查。修改后的《立法法》明显加强了备案审查力度，明确规定主动审查，如规定：有关的专门委员会和常务委员会工作机构可以对报送备案的规范性文件进行主动审查。

亮点六：对司法机关制定的司法解释加以规范。针对目前实践中司法解释存在的诸多问题，此次《立法法》修改，对司法解释也做了约束性规定。

二、科学立法的核心在于尊重和体现客观规律

科学立法，即实现立法的科学化、现代化，它要求立法必须尊重立法规律、克服立法中的主观随意性和盲目性。具体说来，坚持科学立法，就要有科学的立法观念、科学的立法规划、科学的立法程序和科学的立法标准。

首先，科学立法要有科学的立法观念。判断立法是否科学，标准有多个方面，最高层面是价值标准，一是要符合我们确立的公平正义的价值观，避免制定丧失正义、扭曲公平的法。二是民主标准，要符合绝大多数人的利益和要求。这两点也是当代立法最重要的立法观念。立法者要寻找利益的共同性，在以多数人利益为原则的前提下，也要适当照顾少数人利益，做到多数决定与少数保护相统一。

有些人片面地认为，立法不过是将领导人的意见法律化，作为法规公布，要求公民遵守，因而不注意立法的科学性。这实际上是没有树立科学的立法观念的表现。所以，在立法中，首先要解决立法观念问题，即任何立法都是在反映和表述规律，而不是在创造规律。立法必须从我国的实际出发，做到实事求是，尽可能地使立法者的主观意志和观念符合我国的客观实际，符合我国社会发展的客观规律。

其次，科学立法还要求有科学的立法规划，建构完善的法律体系。科学的立法规划是立法迈向科学化的重要一步，它对于改变立法上的头痛医头脚痛医脚、走一步看一步的状况，是一剂良方。

任何一个法律体系都是一个有机的整体，而不是一个残缺不全、凌乱松散的“大杂烩”，放眼全球，我们可以发现，不同法治国家的法治体系可能各有不同，如美国的“宪法主治”、法国的行政法治原则、英国的程序优先等，但它们都是在自己的国情基础之上、经过了科学的立法规划建立的。中国的法治建设有着自己的土壤和条件，在价值追求和制度设计上，必须科学规划，保持自己的特色。近年来，我国地方立法机关十分注重科学编制立法规划，对确保地方立法工作规范有序进行发挥了重要作用。2013 年 2 月，习近平总书记在中央政治局第四次集体学习时的讲话中强调指出，要完善立法规划。这对于进一步推动立法规划科学化具有重要指导意义。

最后，科学立法还要完善与立法有关的一系列制度、体制和机制，为科学立法提供制度保障。立法制度是一个国家法制整体中前提性、基础性的组成部分。没有好的立法制度，便难有好的法律、法规、规章和其他规范性文件，因而再好的执法、司法制度也不能发挥应有的作用，实现法治或建设现代法治国家便没有起码的条件。

改革开放以来，从国家到地方，立法任务艰巨，所有的法律法规草案都由人大及其常委会的工作机构起草并不现实。在立法实践中，有很大一部分法律法规是由中央或者地方的行政主管部门起草的，这不可避免地产生了部门利益和地方保护主义法律化问题。具体表现是，一些行政部门通过立法来巩固、扩张权力，减轻责任和义务，甚至通过立法来谋取本部门的物质利益；一些地方通过立法来保护本地的不当利益，搞地方保护主义，给全国形成统一开放、竞争有序的市场秩序造成障碍，严重影响法律法规的科学性和公正性。

立法部门化、地方化的倾向，暴露出我国现行立法体制的问题，需要加以改革和完善。为此，党的十八届四中全会提出，要健全有立法权的人大主导立法工作的体制机制，加强人大对立法工作的组织协调。人大具有超越于各具体行政部门的地位，应在立法的规划、立项、起草、审议、修改、表决等各个环节充分发挥主导作用。要通过每届任期的立法规划、年度立法计划，加强对立法工作的统筹安排。对涉及综合性、全局性、基础性等重要法律草案的起草，由全国人大相关专门委员会、全国人大常委会法制工作委员会组织有关部门参与起草。为更好发挥主导作用、提高立法质量，全国人大要建立一支高素质的立法工作队伍，增加有法治实践经验的专职常委比例，健全立法专家顾问制度。

此外，还要加强和改进政府立法制度建设，完善行政法规、规章制度制定程序；重要行政管理法律法规由政府法制机构组织起草；对部门间争议较大的重要立法事项，由决策机关引入第三方评估，充分听取意见后及时作出决定，不能久拖不决。明确地方立法权限和范围，禁止地方制发带有立法性质的文件。

三、民主立法的核心在于为了人民、依靠人民

《安全生产法修正案（草案）》、《航道法（草案）》、《食品安全法（修订草案）》、《反间谍法（草案）》、《行政诉讼法修正案（草案二次审议稿）》……2014年，全国人大常委会就多部法律草案向全社会公开征求意见，共有19 512人次在网上提出62 315条意见，对草案的修改完善产生很大的帮助。像这样的开门立法，已经越来越成为我国立法工作的常态。

开门立法，是民主立法的通俗表达。立法不仅要具有科学性，还要体现民主性。按照马克思主义的观点，真正的法律应该是“劳动人民自己制定的”，“应该同人民的意志一起产生并由人民的意志所创立”。按照马克思的设想，民主要贯穿立法的全过程，法律的产生和颁布，均应以民主为基础。所以，所谓民主立法就是要求立法必须体现人民的意志和利益，充分发扬社会主义民主，保障人民通过多种渠道和途径参与立法活动。在这个意义上，也可以说，坚持民主立法是社会主义民主的重要组成部分和集中体现。

实践证明，立法的民主程度越高，民意基础越广泛，法的质量就越高，就越容易得到社会的普遍遵从，获得良好的社会效果。为此，党的十八届四中全会对进一步推进民主立法提出了一系列重要举措。

一是进一步健全民主开放包容的立法工作机制。要形成立法机关主导、社会各方有序参与的立法工作机制，健全向下级人大征询

立法意见机制，建立并完善立法协商制度和基层立法联系点制度，使各方面的意见和关切得到充分表达，广泛凝聚社会共识。比如，在法律正式通过前进行评估是近年来全国人大常委会为提高立法质量采取的一项重要举措。2014 年 10 月，社会广泛关注的行政诉讼法修正案草案通过前，常委会法制工作机构邀请全国人大代表、行政机关代表、公民、法官、律师、专家学者等各界人士召开评估会，就草案主要修改内容的可行性、出台时机、实施后的社会效果及实施中可能出现的问题进行论证评估。

二是拓展人民有序参与立法途径。广集民智、广纳民意，法律法规才能更接地气、更具民意基础。公开征求意见是公众参与的重要渠道，目前全国人大常委会审议的法律草案，一般都公开向社会征求意见。今后，除公布法律草案初审稿征求意见外，还将公布草案二审稿广泛征求意见，使公众有更多机会发表看法。积极探索完善召开立法座谈会、论证会、听证会机制，为公众提供发表意见的平台。此外，还要建立公众意见采纳反馈机制，让人们知道哪些意见被采纳了，哪些意见没被采纳，为什么没被采纳，避免“你说你的、我改我的”现象，调动人们参与的积极性。

三是充分发挥人大代表作用。各级人大代表是国家各级权力机关的组成人员，代表人民的利益和意志行使国家权力。我国有 260 多万各级人大代表，他们不脱离自己的工作，比较了解实际情况，和人民群众接触较多。在长期实践中，我们探索形成了人大代表参与立法的很多有效形式，比如，邀请部分全国人大代表列席全国人大常委会会议；发挥代表议案在立法工作中的作用，十一届全国人大任期内共有 603 件代表议案涉及的 149 个立法项目被列入了立法规划和年度立法计划。要创新和完善各级人大代表参与立法工作体制机制，健全法律法规规章起草征求人大代表意见制度，健全人大代表议案、建议和立法规划、立法计划的衔接机制。更多吸收人大代表参加调研和审议等立法活动，探索人大代表跨级、多层参与立法工作制度化。

四、推进重点领域立法，使立法与改革决策相衔接

改革开放是当代中国最鲜明的特色，是决定当代中国命运的关键抉择。当前，我国正处于全面深化改革新的历史起点，改革进入攻坚期和深水区。推进全面深化改革，离不开法治的保驾护航，习近平总书记明确指出："凡属重大改革都要于法有据。"在整个改革过程中，都要高度重视运用法治思维和法治方式，发挥法治的引领和推动作用，确保在法治轨道上推进改革。具体反映在立法工作中，立法就不仅仅是总结以往经验、肯定已有做法，而是要把立法放在全面深化改革的大局中谋划，通过加强重点领域立法引领改革进程、推动科学发展。

加强重点领域立法，总的来说就是要在统筹兼顾的基础上，紧紧围绕经济社会发展中迫切需要解决的现实问题，着重在改革的关键领域和关键环节推进重点领域立法，既及时把成熟的改革成果和成功经验上升为法律，又遵循改革思路主动创新制度设计，引领和推动改革。

一是以实现公民权利保障法治化为目标，通过立法强化对权力运行的制约和监督，依法保障公民权利，加快完善体现权利公平、机会公平、规则公平的法律制度，保障公民人身权、财产权、基本政治权利等各项权利不受侵犯，保障公民经济、文化、社会等各方面权利得到落实，实现公民权利保障法治化。增强全社会尊重和保障人权意识，健全公民权利救济渠道和方式。

二是按照使市场在资源配置中起决定性作用和更好发挥政府作用的要求，以保护产权、维护契约、统一市场、平等交换、公平竞

争、有效监管为基本导向，完善社会主义市场经济法律制度。必须健全以公平为核心原则的产权保护制度，加强对各种所有制经济组织和自然人财产权的保护，清理有违公平的法律法规条款。创新适应公有制多种实现形式的产权保护制度，加强对国有、集体资产所有权、经营权和各类企业法人财产权的保护。国家保护企业以法人财产权依法自主经营、自负盈亏，企业有权拒绝任何组织和个人无法律依据的要求。加强企业社会责任立法。完善激励创新的产权制度、知识产权保护制度和促进科技成果转化的体制机制。加强市场法律制度建设，编纂民法典，制定和完善发展规划、投资管理、土地管理、能源和矿产资源、农业、财政税收、金融等方面法律法规，促进商品和要素自由流动、公平交易、平等使用。依法加强和改善宏观调控、市场监管，反对垄断，促进合理竞争，维护公平竞争的市场秩序。加强军民融合深度发展法治保障。

三是以保障人民当家作主为核心，完善保障社会主义民主政治制度化、规范化、程序化的法律制度，坚持和完善人民代表大会制度，坚持和完善中国共产党领导的多党合作和政治协商制度、民族区域自治制度以及基层群众自治制度，推进社会主义民主政治法治化。加强社会主义协商民主制度建设，推进协商民主广泛多层制度化发展，构建程序合理、环节完整的协商民主体系。完善和发展基层民主制度，依法推进基层民主和行业自律，实行自我管理、自我服务、自我教育、自我监督。完善国家机构组织法，完善选举制度和工作机制。加快推进反腐败国家立法，完善惩治和预防腐败体系，形成不敢腐、不能腐、不想腐的有效机制，坚决遏制和预防腐败现象。完善惩治贪污贿赂犯罪法律制度，把贿赂犯罪对象由财物扩大为财物和其他财产性利益。

四是着眼推进文化体制机制创新，建立健全坚持社会主义先进文化前进方向、遵循文化发展规律、有利于激发文化创造活力、保障人民基本文化权益的文化法律制度。制定公共文化服务保障法，促进基本公共文化服务标准化、均等化。制定文化产业促进法，把行之有效的文化经济政策法定化，健全促进社会效益和经济效益有机统一的制度规范。制定国家勋章和国家荣誉称号法，表彰有突出贡献的杰出人士。加强互联网领域立法，完善网络信息服务、网络安全保护、网络社会管理等方面的法律法规，依法规范网络行为。

五是围绕保障和改善民生，加快保障和改善民生、推进社会治理体制创新法律制度建设。依法加强和规范公共服务，完善教育、就业、收入分配、社会保障、医疗卫生、食品安全、扶贫、慈善、社会救助和妇女儿童、老年人、残疾人合法权益保护等方面的法律法规。加强社会组织立法，规范和引导各类社会组织健康发展。制定社区矫正法。

六是贯彻落实总体国家安全观，加快国家安全法治建设，推进公共安全法治化，构建国家安全法律制度体系。

七是针对人民群众反映强烈的生态环境问题，用严格的法律制度保护生态环境，加快建立有效约束开发行为和促进绿色发展、循环发展、低碳发展的生态文明法律制度，强化生产者环境保护的法律责任，大幅提高违法成本。建立健全自然资源产权法律制度，完善国土空间开发保护方面的法律制度，制定完善生态补偿和土壤、水、大气污染防治及海洋生态环境保护等法律法规，促进生态文明建设。

还要看到，改革是一个动态前进的过程，因此改革推进到哪里，立法进程就要及时跟进到哪里，这需要增强立法的主动性和及时性。针对目前立法工作存在的不适应、不符合问题，要实事求是、与时俱进地分类做好相关法律的立改废释工作。对实践证明行之有效的，要及时上升为法律；对不适应改革要求的法律法规，要及时修改和废止；对需要通过法律解释来解决问题的应当及时释法，赋予法律条文更加准确、更具有针对性的内涵。对法律立改废释的条件暂不成熟而改革实践又迫切需要的，可以通过法定程序进行特别授权先行先试，解决法律依据不足的问题。

第五章

建法治政府：落实依法行政、严格执法

我国有句古语："徒法不足以自行。"无独有偶，西方著名法学家罗斯科·庞德也说过，"法律的生命在于其实施"。的确，法律制定出来就是要发挥实际作用的，如果有了法律而不实施、将其束之高阁，或者实施不力、做表面文章，那制定再多法律也无济于事。全面推进依法治国，重点就在于保证法律严格实施，做到严格执法，加快建设职能科学、权责法定、执法严明、公开公正、廉洁高效、守法诚信的法治政府。

一、为什么要加快建设法治政府

在我国，各级政府是各级国家权力机关的执行机关，担负着管理国家和社会事务、经济文化事业的职责，是法律法规的重要执行者。我国大约80%的法律、90%的地方性法规和几乎所有的行政法规都是由政府来执行的。政府依法行政、严格执法情况在很大程度上决定着依法治国的状况，政府依法行政、严格执法的进程在很大程度上影响着依法治国的进程。可以说，建设法治政府是全面推进依法治国的重要内容。

知识点

什么是执法

执法，最初的含义是指手持法律做事，传布、实现法律。如《周礼·春官·大史》："大丧，执法以涖劝防。"今天，人们通常在广义与狭义上使用这个概念。广义的执法或法的执行是指国家行政机关、司法机关及其公职人员依照法定程序实施法律的活动。狭义的执法是指法的执行，专指国家行政机关的公职人员依法行使管理职权、履行职责、实施法律的活动。人们把行政机关称为执法机关，就是狭义上使用执法的。因此，狭义的执法又被称为行政执法。

所谓法治政府是指政府要受法律约束、按照法治原则和规范进行运作，依照法定权限和程序行使权力，履行职责。法治政府的这个本质特征表现为四个方面的基本要求。

一是行政机构依法设立。它要求行政机构的设置、人员编制等必须事先依法做出规定，政府不得擅自设立行政机构、扩大人员规模。

二是行政权力依法取得。它要求一切行政权力必须有法律的授予或权力机关的授权，没有法律、法规、规章的规定，行政机关不得作出影响公民、法人和其他组织合法权益或者增加公民、法人和其他组织义务的决定。“无法律即无行政。”

三是行政行为依法做出。它要求行政机关及其工作人员，必须严格依照法律确定的职权和法定程序办事，依法决策，依法履责，严格执法，自觉运用法治思维和法律手段解决经济社会发展中的矛盾和问题。它不仅要求行政权力的取得和运用符合法律规定，做到实体合法，同时要求行政权力的行使和行政行为的实施符合法定程序，严格遵循法律规定的方式、步骤、顺序、时限等程序要求，做到程序合法。

四是行政责任依法承担。它要求行政机关必须对法律负责，承担因自身行政行为引起的各种法律责任。对不当行使权力、滥用权力的行为，必须依法追究行政机关和有关人员的法律责任；对法律赋予的权力不作为、不尽职以及失职、渎职行为，也要承担相应的法律责任。有权必有责，有权要尽责，不允许存在无责任的权力；用权受监督，监督要全面，不允许存在不受监督的权力；违法要纠正，要有健全有效的行政纠错机制和责任追究机制。

加快建设法治政府，是全面落实依法治国方略的必然要求。当前，中国特色社会主义法律体系已经形成，总体上解决了有法可依问题。在科学立法、严格执法、公正司法和全民守法等协调推进的依法治国系统工程中，确保法律得到全面正确实施，已成为关键枢纽和最紧迫的任务。只有加快建设法治政府，做到有法必依、执法必严、违法必究，才能把“纸面上的法”真正落实为“行动中的法”，同时带动公正司法、全民守法进程。

加快建设法治政府，是促进社会公平正义的必然要求。促进社会公平正义、维护社会和谐稳定，是各级行政机关最重要的价值追求所在。当前，我国正处于社会转型的特殊历史时期，影响社会公平与和谐稳定的因素大量存在，人民群众法律意识、权利意识日益增强，对行政执法机关发挥职能作用、促进公平正义提出了更高要求。只有加快建设法治政府，把行政执法活动真正当作保护人民权益、体现公平正义的权力行使行为，才能更好地增益民生福祉，促进社会公平与和谐稳定。

加快建设法治政府，是维护法律权威和尊严的必然要求。当前，执法不严、违法不究等问题的存在，严重违背了社会主义法治原则，影响了执法机关的公信力，损害了法律的权威。长此以往，势必动摇人民群众对法治的信仰、对依法办事的认同。公信力来自执行力。只有加快建设法治政府，坚持依法行政、严格执法，做到执法要求与执法形式相统一、执法效果与社会效果相统一，才能不断提高执法公信力，切实维护法律的权威和尊严。

二、我国法治政府建设的进展及存在的问题

我国政府高度重视推进依法行政、建设法治政府工作，对建设法治政府作出了一系列部署。2002 年 11 月，党的十六大提出，“发展社会主义民主政治，最根本的是要把坚持党的领导、人民当家作主和依法治国有机统一起来”，并明确提出“推进依法行政”的重要任务。为贯彻落实党的十六大的战略部署，国务院于 2004 年 3 月发

布《全面推进依法行政实施纲要》，第一次明确提出“建设法治政府”的奋斗目标和具体任务。在总结纲要实践经验的基础上，2010年10月，国务院发布了《关于加强法治政府建设的意见》，专门对加快法治政府建设的任务和措施提出了明确要求。2012年11月，党的十八大提出，到2020年基本建成法治政府。2013年11月，党的十八届三中全会提出，建设法治中国，必须坚持依法治国、依法执政、依法行政共同推进，坚持法治国家、法治政府、法治社会一体建设。党的十八届四中全会对加快建设法治政府提出一系列明确要求。

这些年来，特别是《全面推进依法行政实施纲要》发布以来，经过各级政府坚持不懈的努力，法治政府建设取得了重大成就。主要体现在：

一是形成了法治政府制度体系。当前，以行政组织与人员法、行政行为与程序法、行政监督与救济法为框架，以规范经济、政治、文化、社会生活、生态环境以及政府自身活动为主要内容的制度体系逐步健全和完善，政府管理在各个方面总体上实现了有法可依，这为法治政府建设奠定了坚实的制度基础。

二是行政权力运行逐步规范。科学民主依法决策成为各级政府的基本准则，行政决策的科学化、民主化、法治化不断加强。深化行政执法体制改革，推行行政执法责任制，有效规范了行政执法行为。制定和贯彻行政许可法，规范行政许可的设定和实施，持续推进行政审批制度改革，促进了政府职能转变和管理方式创新。从2001年开始到2012年底，中央一级共取消、下放、调整国务院部门实施的2 497项行政审批事项，占原来总数的69.3%。在此基础上，本届政府以来，中央一级又取消和下放国务院部门实施的行政审批项目632项，占原有1 700项行政审批项目的1/3多，并分4批相应修改了有关法律22部、行政法规63部，废止行政法规3部。

三是对行政权力的监督和问责不断加强。对行政权力的监督和行政问责逐步朝着制度化、常态化、规范化方向发展。各级政府自觉接受同级人大及其常委会的监督、政协的民主监督，依照有关法律接受人民法院的监督，重视新闻舆论和人民群众的监督，加强政府系统内部的层级监督，充分发挥审计、监察等专门监督的作用，强化对滥用职权、失职渎职、决策失误等违法行为的责任追究，对预防和遏制各种消极腐败现象的滋生蔓延产生了有力作用，得到了群众的广泛支持和拥护。

四是政府工作走向公开透明。发布实施《政府信息公开条例》，通过新闻发布会、政府公报、门户网站等途径，及时公开政务信息，创新政务公开方式，拓宽公开办事领域，人民群众办事在制度上更加公平和便利，人民群众的关切得到及时回应。为了防止行政管理中的腐败行为，方便当事人，全国各地区、各部门设立了 2 000 多个政府服务中心、办事大厅，实行“一个窗口对外”，简化办事程序，公众的知情权、参与权、监督权不断扩大。

也要看到，我国法治政府建设虽然取得了重要进展，但也存在不少问题：有法不依、执法不严、不作为、敷衍塞责情况时有发生；越权执法、执法寻租、贪赃枉法甚至充当黑恶势力“保护伞”的问题凸显；执法不讲程序、不规范较为普遍；一些执法人员素质、水平不高甚至“吃拿卡要”问题比较突出；等等。可见，加快法治政府建设，推进各级政府依法行政、严格执法具有十分重要的现实性和紧迫性。

延伸阅读

法治政府建设目标

各级政府必须坚持在党的领导下、在法治轨道上开展工作，创新执法体制，完善执法程序，推进综合执法，严格执法责任，建立权责统一、权威高效的依法行政体制，加快建设职能科学、权责法定、执法严明、公开公正、廉洁高效、守法诚信的法治政府。

——《中共中央关于全面推进依法治国若干重大问题的决定》

三、推动各级政府依法全面履行职能

政府作为行政执法机关，依法全面履行经济调节、市场监管、社会管理和公共服务等各项职能，在法治化轨道上处理好政府与市场、社会的关系，是推进严格执法、建设法治政府的基础和前提。党的十八届四中全会对政府依法全面履行职能提出了明确要求。

首先，要“摘清家底”，明确政府有哪些权限。“法外无权”，政府的所有权力都来源于法律的授予，行使权力不能“任性”。党的十八届四中全会指出，要完善行政组织和行政程序法律制度，推进机构、职能、权限、程序、责任法定化。通过法定化方式确定政府的权力来源和边界、机构职责设置与人员配备等，使得政府各项职能从内容到形式、从行为到程序、从决策到执行都符合法律规定。要推行政府权力清单制度，坚决消除权力设租寻租空间。所谓权力清单，是指政府及其部门在对其所行使的行政权力进行全面梳理基础上，将职权目录、实施主体、相关法律依据、具体办理流程等以清单方式进行列举和图解，并公之于众。政府行使职权，依法律、法规、规章及权力清单进行，凡是列入清单的，政府必须切实履职，凡是清单之外的事项，政府对其没有执法权力，之前已存在的与清单所载职权不符的审批等权能也应废止。目前，国务院60个部门已公开共1 235项审批事项清单，各省级、市级、县级权力清单正在陆续公布，受到了社会高度关注和广泛好评。

延伸阅读

地方各级政府工作部门权力清单制度持续推进

2015年3月24日，中国政府网公布中共中央办公厅、国务院办公厅印发的《关于推行地方各级政府工作部门权力清单制度的指导意见》（简称《意见》）。《意见》分基本要求、主要任务、组织实施 3 部分 15 条。根据《意见》要求，地方各级政府工作部门要将行使的各项行政职权及其依据、行使主体、运行流程、对应的责任等，以清单形式明确列示出来，向社会公布，接受社会监督。通过建立权力清单和相应责任清单制度，进一步明确地方各级政府工作部门职责权限，大力推动简政放权，加快形成边界清晰、分工合理、权责一致、运转高效、依法保障的政府职能体系和科学有效的权力监督、制约、协调机制，全面推进依法行政。《意见》明确了权力清单的主要内容及依据，让那些仅凭“红头文件”或领导讲话就“非法出生”的权力，再也站不住脚，有助于推动权力运行的标准化、制度化和规范化。

其次，要根据法律规定有所为有所不为。党的十八届四中全会强调，“法定职责必须为、法无授权不可为”。要依据这一原则积极履职、全面履职、履职到位，为市场发育、社会发展、人民利益服务。一方面，属于法定的职责，要用好“看得见的手”，勇于负责、敢于担当，该管的一定要管住管好，坚决克服懒政、怠政。另一方面，超出政府法定职能的事项，不得乱作为、滥用权，要推进简政放权，用足“看不见的手”，坚决放给市场和社会。

最后，针对不同层级政府之间的权责划分问题，要进一步规范事权。事权，就是行政机关按照相关法律法规进行行政事务管理的权力。长期以来，中央和地方政府间事权界定不合理、不清晰、不规范的问题较为突出。要完善不同层级政府特别是中央和地方政府事权法律制度，合理清晰界定政府间事权。强化中央政府宏观管理、制度设定职责和必要的执法权，强化省级政府统筹推进区域内基本公共服务均等化职责，强化市县政府执行职责，促进政府间各司其职、各负其责，充分发挥好中央和地方两个积极性。

四、健全依法决策机制

决策是一种重要的行政权力，是政府各项工作运行的起点。决策是否依法作出，关系到政府权力行使的方向和目标，影响着法治政府建设的面貌和成效。特别是一些涉及面广、与经济社会发展和群众利益息息相关的重大决策，对经济的运行、社会的发展起着决定性的作用。因此，决策制定是否合法，决策机制是否健全，是衡量政府是否依法行政、严格执法的重要标尺。

改革开放以来，面对经济社会发展中不断遇到的新问题、新挑战，各级政府做出了一系列重大决策。总的来看，我们的决策水平和效果与改革发展的要求是基本适应的，促进了经济社会持续健康发展。同时不可否认的是，在一些地方和部门，决策不当和决策失误的问题还比较突出，主要表现有："脑袋发热型"，不经过充分的论证，不顾自身条件和可能，无视规则与程序，偏重个人意志与主观判断，以"革命热情"进行决策；"好大喜功型"，为了追名逐利，制造"政绩"，热衷于搞华而不实的"形象工程"、"面子工程"等；"以权谋私型"，出于一己之私，利用手中的决策权，为自己或某些利益集团牟取私利，中饱私囊。这些错误决策，严重违反经济和社会客观规律，导致重大的经济和社会损失，也影响了党和政府在群众心目中的形象。

这些年来，各级政府对决策造成重大损失或恶劣影响的事件，都按照有关规定严格追究责任。但是，随着形势的发展变化，也出现了一些新情况、新问题。一些重大决策从提出、实施到产生效果，往往需要较长的时间周期，决策正确与否、效益如何，在较短时间内难以得到验证，一旦多年后出现问题，当初参与决策的主要领导及相关人员，有的已经退休，有的已经调到其他地区、部门任职，责任难以认定追究，大多不了了之。

有权必有责，决策权不能成为不受控、难追责的“无限权力”，那必然会造成“拍脑袋决策，拍胸膛保证，拍屁股走人”的恶果。为此，党的十八届四中全会提出了健全依法决策机制的任务。具体来说，就是在决策前、中、后以严格的体制机制规定来保障决策的制定依法合规。

决策前要严审查、合乎法律，这好比是形成决策的“筛选器”。重大决策在提请决策机关讨论决定前，必须在行政机关内部开展合法性审查。通过审查，明确重大决策事项是否符合决策机关的职责权限，决策内容是否与法律法规相抵触、是否与现行政策规定相协调，是否存在其他问题等。决策承办单位应根据审查意见对决策方案作出相应修改，未经合法性审查或审查不合格的，不得提交讨论和决策。

决策时要守规矩、讲究程序，这好比是决策产生的“流水线”。重大决策事关经济社会全面发展、事关社会公众切身利益，必须坚持从实际出发，遵循科学决策、民主决策原则，按照客观规律要求行事。为此，要把公众参与、专家论证、风险评估、合法性审查、集体讨论决定确定为重大决策法定程序，只有严格按照这一法定程序进行，才能在集思广益、排查风险、合法合规、民主集中的基础上形成正确的决策方案，才能确保决策制度科学、程序正当、过程公开、责任明确。

决策后要明责任、追究到底，这好比是正确决策的“质保书”。“谁决策、谁负责”，这是一条硬杠杠，对违反法定权限和程序实施决策、造成重大损失和恶劣影响的，不论时间过去多久，也不论是否调离原单位，都要依法严格追究行政首长、负有责任的其他领导人员和相关责任人员的法律责任。同时，追责不仅限于决策领导者，决策过程中的各类主体都须承担相应的法律责任。对承担风险评估、合法性审查等相关工作的单位及工作人员，对参与决策的专家、专业机构和社会组织等，一旦其中出现违反法律法规要求造成重大失误的，也要依法追究相应法律责任。与已有法律法规关于决策追责的规定相比，党的十八届四中全会提出的追责制的最大亮点在于“终身追责”，具有鲜明的针对性，犹如为决策者戴上了“紧箍”，督促、警诫其时刻尊重和敬畏决策的法定权限和程序，严格依法进行决策。

此外，全会还提出要积极推行政府法律顾问制度，建立一支以政府法制机构人员为主体、吸收专家和律师参加的法律顾问队伍。这支队伍在政府制定重大决策、推进依法行政过程中，可以立足专业领域、主动建言献策，充分发挥法律顾问的积极作用。

五、深化行政执法体制改革

行政执法，是与老百姓日常生活息息相关的法律实施活动。无论是摆摊设点、拆迁征地的大事小情，还是城市管理、食品安全等诸多领域，老百姓都会和不同种类的“大盖帽”打交道。可以说，行政执法是一个窗口，体现着依法行政的成果，反映着法治政府建设的成效。

公允地说，这些年来，直接面对基层一线的各级行政执法队伍还是扎扎实实为群众做了不少事情，但也要看到，执法主体的资格和职权不明确或不透明、执法程序不公正或不公开、执法人员素质参差不齐、行政争议解决机制不完善等问题也在很大程度上存在着，群众对城管、拆迁、食品药品安全等方面的执法队伍和效果颇有怨言。为此，党的十八届四中全会提出了一系列深化行政执法体制改革的重要举措。

延伸阅读

浙江省积极推进综合行政执法改革

2015 年 2 月，浙江省发布《关于深化行政执法体制改革　全面推进综合行政执法的意见》（简称《意见》）。《意见》以推动行政执法重心下移、相对集中行政执法权、整合规范执法主体、优化执法力量配置为主要内容，以县（市、区）和乡镇（街道）为重点，全面推进城乡统筹的跨部门、跨领域综合行政执法，加快建立权责统一、权威高效的行政执法体制，切实增强基层政府治理能力和社会管理水平。综合行政执法主要在公共安全、生态保护、城镇管理、社会管理和民生事业等领域进行，范围确定为市容和环境卫生、城乡规划管理等 22 个方面法律、法规、规章规定的行政处罚及相关行政检查监督、行政强制职责。《意见》的制定发布，对于维护老百姓切身利益、推进法治政府建设、提升政府治理能力具有重要意义，是推进政府治理体系和治理能力现代化的重要举措。

要明确落实执法责任。很多执法人员乱作为，主要是由于权责不统一导致的。比如，城管就是一个执法职责和范围模糊、不明确的典型，所谓“城管是个筐，啥都往里装”形象地反映了这一情况。要按照有权必有责的要求，严格确定不同部门及机构、岗位执法人员的执法责任。建立健全执法评议考核指标体系，引导执法人员严格规范执法行为，切实解决“没有指标不干活，有了指标乱干活”的问题。完善执法责任追究机制，确保执法过程中任何一个环节出现问题，都能够被及时发现、纠正、追究。

要整合重复设置的执法队伍。目前我国行政执法队伍设置过多过细，省、市、县三级普遍重复设置队伍，同一领域、同一事项多头执法，群众戏言“大盖帽满天飞”，容易造成重复检查和处罚，加重企业和群众负担。要加快队伍整合，一方面着眼减少层级，大幅削减市、县两级执法队伍；另一方面在食品药品安全、工商质检、安全生产等重点领域内推进综合执法，有条件的领域可以推行跨部门综合执法。

要规范执法流程程序。正义不仅要实现，还要以人们看得见的方式来实现。严密的程序是严格规范公正文明执法的重要保障。要规范执法操作流程，重点围绕行政许可、行政处罚、行政强制等执法行为，对执法具体环节和操作步骤做出明确规定，便于执法人员把握“干什么、怎么干、干到什么程度”。加强执法管理，建立执法全过程记录制度，确保所有执法工作有据可查，有效预防“随意执法”、“粗放执法”等不文明、不规范现象。

要公正实施行政处罚等裁量行为。当前，行政执法人员滥用自由裁量权、同事不同罚、“选择性执法”现象较为普遍，群众反映强烈。要建立健全行政裁量权基准制度，在法律规定的处罚幅度内，对裁量标准、范围、幅度等进行细化、量化，为执法人员提供裁量依据。在准确把握适用裁量标准基础上，综合考虑违法行为性质、社会危害程度、执法对象悔过态度等情况，做到该宽则宽、当严则严、过罚相当。

知识点

自由裁量权

自由裁量权一般与行政行为结合在一起，是国家赋予行政机关在法律法规规定的幅度、范围内有一定选择余地的处置权力。它是行政权力的重要组成部分，是行政主体提高行政效率所必需的权限。具体表现为行政机关对行政管理相对人的行为性质和情节轻重的认定、处罚的种类和幅度有自主决定权。

要提高行政执法人员素质。一线行政执法人员直接面对基层，其职业素质如何，直接关系群众利益，关系政府形象。要在队伍管理和人员配备使用上坚持高标准严要求，严格执行持证上岗和资格管理制度，资格考试不合格不得上岗，杜绝“临时工执法”现象。科学配置人员编制，充实基层一线执法力量，严格执行罚缴分离和收支两条线制度，以消除“钓鱼执法”、“创收执法”冲动。

六、强化对行政权力的制约和监督

我国各级政府所拥有的行政权力，是人民群众通过法律赋予的，最终要为人民服务，对人民负责。但也要看到，权力有时候像一把双刃剑，一旦缺乏制约和监督，就容易沦为牟取私利和贪污腐败的工具。在现实生活中，一些地方和部门的领导把国家法律赋予的公共权力当作部门权力和个人权力，或者只行使权力不承担责任，这些都违背了依法行政、严格执法的基本要求。要防止权力滥用、乱用的发生，使权力真正用来为民谋福祉，必须给权力戴上“紧箍”，强化对其运行的制约和监督，让权力在阳光下运行。

党的十八大以来，新一届中央领导集体对制约和监督权力进行了新的探索，采取了一系列新举措。比如，出台八项规定、开展党的群众路线教育实践活动，着力扫除“四风”；深入推进行政管理体制改革，进一步转变政府职能，简政放权；制定《建立健全惩治和预防腐败体系 2013—2017 年工作规划》，对防治腐败作出新的战略部署；大力加强党的纪律建设，严肃政治纪律，保证政令畅通；改进巡视工作方式方法，增强巡视监督实效性；加大办案工作力度，既打“老虎”又打“苍蝇”；等等。这些重要举措着眼于对权力的有效规范、约束和监督，已经取得了初步成效，但监督管理的任务还很艰巨。特别是对于行政权力来说，要按照党的十八届四中全会精神要求，加大工作力度，强化对行政权力的制约和监督，努力形成科学有效的权力运行制约和监督体系，确保行政权力沿着正确的轨道运行。

突出制约重点。近年来的反腐败实践证明，政府内部涉及财政资金分配使用、国有资产监管、政府投资、政府采购等领域权力比较集中，是导致权力滥用和失控的“重灾区”，必须把加强对政府内部权力的制约作为重点。要对权力集中的部门和岗位实行分事行权、分岗设权、分级授权，定期轮岗，强化内部流程控制，防止权力滥用。同时，针对政府自身容易产生的“捂盖子”、“护犊子”行为，要完善内部层级监督和专门监督，建立常态化监督制度，完善纠错问责机制，健全责令公开道歉、停职检查、引咎辞职、责令辞职、罢免等问责方式和程序。

完善审计制度。权力是否滥用、是否涉及腐败，审计数据最客观、最有说服力。要通过修订审计立法和改进审计工作制度，保障审计机关依法独立行使审计监督权，不受其他行政机关、社会团体和个人的干涉。加大审计力度，对公共资金、国有资产、国有资源和领导干部履行经济责任情况实行审计全覆盖。强化上级审计机关对下级审计机关的领导，探索省以下地方审计机关人财物统一管理，充分发挥审计监督作用。

推进政务公开。阳光是最好的防腐剂，公开与透明是对权力最好的监督。要坚持以公开为常态、不公开为例外原则，推进决策公开、执行公开、管理公开、服务公开、结果公开。各级政府及其工作部门依据权力清单，向社会全面公开政府职能、法律依据、实施主体、职责权限、管理流程、监督方式等事项。随着互联网的不断普及，政务公开也要不断推进信息化，畅通政府门户网站与群众互动渠道，及时倾听网民意见建议，加强互联网政务信息数据服务平台和便民服务平台建设。

形成监督合力。加强对权力的监督，不能靠“一招制胜”，必须打“组合拳”。目前，对行政权力的外部监督主要有党内监督、人大监督、民主监督、行政监督、司法监督、审计监督、社会监督、舆论监督八个方面。这八种监督分工明确、各有特点，能够从不同层面、以不同形式对行政权力进行制约和监督，但目前也存在相关制度不完备、监督力量衔接不够、针对性不强等问题。下一步要有效整合监督资源，科学设定监督职责，严密规范监督程序，加强各监督主体之间协调配合，形成优势互补、监督有力、富有实效的监督体制，充分发挥整体监督效能。

第六章

求司法公正：让人民群众感受公平正义

英国著名哲学家弗朗西斯·培根说过："一次不公正的审判，其恶果甚至超过十次犯罪。因为犯罪虽是无视法律——好比污染了水流，而不公正的审判则毁坏了法律——好比污染了水源。"这句名言形象地说明，公平、公正是法治的生命线，也是司法的灵魂，司法是否公平、公正，不仅是司法工作的价值所在，也是衡量国家法治程度的重要标尺之一。党的十八届四中全会强调指出，司法公正对社会公众具有重要引领作用，司法不公对社会公正具有致命破坏作用。全面推进依法治国，必须通过公正司法活动维护社会公平正义，努力让人民在每一个司法案件中感受到公平正义。

一、司法公正是法治的生命线

站在古希腊正义女神的雕像前，人们的心灵不能不受到强烈而深沉的震撼，因为它让人们看到了人类祖先对法的精神的深刻理解和追求。女神表情庄严，右手握利剑，左手持天平。"法不仅仅是思想，而且是活的力量。正义女神一手持有衡量权利的天平，另一只手握有为权利而准备的宝剑。无天平的宝剑是赤裸裸的暴力，无宝剑的天平则意味着法的软弱可欺。"可见，天平与宝剑共同构筑了司法公正，这是人类进入文明社会以来解决纠纷的一种法律理想和信仰，也是法治建设的崇高目标。

延伸阅读

司法公正名言

一切背离了公正的知识都应叫作狡诈，而不应称为智慧。

——柏拉图

公正是赏罚分明者的美德。

——亚里士多德

罪人获释，法官就成了罪人。

——绪儒斯

高于道德的东西必须基于公正，包含公正，并通过公正的途径去获取。

——亨·乔治

在政府事务中，公正不仅是一种美德，而且是一种力量。

——拿破仑

公正是施政的目的。

——丹·笛福

法官一旦偏离了法律的条文就成了立法者。

——培根

公之为言，公正无私也。

——汉·班固

有公心，必有公道。

——晋·杨泉

事在是非，公无远近。

——唐·张九龄

理国要道，在于公平正直。

——唐·吴兢

平而后清，清而后明。

——宋·司马光

持心如衡，以理为平。

——明·刘基

公其心，万善出。

——明·方孝孺

所谓司法公正，是指司法机关在执法活动中必须坚持以事实为根据，以法律为准绳，严格贯彻有法必依，执法必严，违法必究，做到严肃执法，秉公办案，实现法律所追求的社会公平正义。对于建设法治国家来说，有好的立法是基础，但若没有司法公正，法治国家依然是纸上谈兵，全面落实依法治国的目的依然实现不了。

司法公正是依法治国的基本要求。依法治国作为一种治国方略，不仅要求有一套完整的法律体系作为公民的行为准则或规范，更重要的是，法治的存在以其本身的价值取向为支柱，它蕴含着人类对公平、文明、秩序、和平等理想的追求，要求法在从制定到实施的整个过程中对任何社会主体都是公正的。司法作为使法治从“应然”走向“实然”的关键环节，是实行法治的保障，要求其公正是必定无疑的。

司法公正是保障人们权益的重要手段。随着社会主义市场经济的发展，人们越来越习惯于用法律手段来维护自身权益、“讨个说法”，司法公正是使人们合法权益不受侵害的重要保障，特别是在一些“民告官”的案件中，老百姓处于弱势，如果没有司法公正的保障，就很难实现自己的权利主张。

司法公正是维护法治权威和公信力的重要方式。法治的正义性，在相当程度上是通过司法公正体现出来的。因为在法治的过程中，司法活动所产生的结果，往往也是法治的结果。由于司法活动的重要性，司法活动中的任何不公正因素或结果，都将直接影响法治正义性的实现。由此，司法不公对于法治权威和公信的危害性更大，这是因为在加强法治的口号下所产生的司法不公，容易导致人们对法治本身产生错误认识，从而动摇人们对法治的信念，不利于人们树立正确的法律意识。

司法公正是实现社会公平正义的重要保障。司法是维护社会公平正义的最后一道防线，如果司法不公，罪犯就不能得到应有惩处、人们对公平公正的希望就会破灭，社会公正就会受到质疑，而社会公平正义的实现，在很大程度上有赖于司法公正的实现。司法公正不仅是社会公平正义的一部分，而且对社会公平正义具有引领作用，只有用司法公正来为社会公平正义保驾护航，社会公平正义才能得到更好的实现。

高度重视司法公正是我们党的一贯主张，尤其是党的十八大以来，我们党全面落实依法治国基本方略，加快建设社会主义法治国家，通过深化司法体制改革，加快建设公正高效权威的社会主义司法制度。但也要看到，当前司法不公是司法领域存在的十分突出的问题，人民群众反映强烈。一些司法人员作风不正、办案不廉，办金钱案、关系案、人情案，“吃了原告吃被告”，有的越权管辖、插手经济纠纷，有的刑讯逼供甚至徇私舞弊、贪赃枉法，有的有案不立、有罪不究，等等。这严重损害了司法权威、党和政府形象，损害了人民群众的根本利益。为此，党的十八届四中全会着眼于进一步深化司法体制改革，对规范司法行为、保证司法公正提出了一系列重大举措。

二、保障司法机关依法独立行使司法权

马克思曾说过：法官除了法律就没有别的上司。其意是说，法官作为司法者，应该独立依法作出自己的裁判，而不应受到任何其他人或因素的影响，这样才能公正司法。

为了保证国家法律公正实施，我国保障司法机关依法独立行使司法权。《宪法》明确规定：人民法院和人民检察院依法独立行使审判权、检察权，不受行政机关、社会团体和个人的干涉。改革开放以来，我国各级司法机关在秉公办案、维护人民合法权益发面发挥了重要作用。据统计，1978 年到 2013 年，全国法院受理案件数量从 61 万件增长至 1 337 万件，全国律师从不到 3 000 人增加到 25 万多人，我国司法制度的发展取得了历史性进步。

延伸阅读

独立行使司法权与西方“司法独立”是两回事

中央政法委副秘书长姜伟指出，党的十八届四中全会提出的依法独立公正行使审判权检察权与西方“司法独立”有本质区别，“司法独立”的概念是根据一些国家三权分立的政体提出来的。我国实行的是议行合一的人民代表大会制度。人民代表大会不仅是立法机关，而且是权力机关。人民法院、人民检察院由人民代表大会产生，对其负责，并受其监督。在这个意义上，我们提出依法独立公正行使审判权检察权，与三权分立政体下的“司法独立”是两回事。我国高度重视为司法机关依法独立公正行使职权提供有力制度保障。党的十八届三中、四中全会都对确保依法独立公正行使审判权和检察权作出具体部署，提出一系列重大举措和改革要求。十八届四中全会通过的决定明确要求“任何党政机关和领导干部都不得让司法机关做违反法定职责、有碍司法公正的事情，任何司法机关都不得执行党政机关和领导干部违法干预司法活动的要求”。这是对确保依法独立公正行使审判权检察权最好的阐释。

同时也要看到，当前我国在独立行使司法权方面还存在不少问题，社会反映比较强烈。具体来说主要有以下三个方面的问题。

一是法院内部运作机制行政化。法院内部由党组成员组成行政领导层，主持全院的行政和审判工作。审判业务层面则分设民事庭、刑事庭、行政庭、执行局等部门。每一业务部门又设副庭长负责本庭的行政和业务，他们有权对案件的裁判提出意见，甚至改变合议庭的决定。这种内部行政化机构设置的管理模式，制约了司法权的独立行使。

二是上下级法院关系行政化。依照法律规定，上下级法院之间只是在审判工作上存在监督与被监督的关系，而在实际工作中这种关系却衍变和异化为审判工作中的领导与被领导关系，经常出现个案请示、汇报现象，影响了司法权的独立行使。

三是法官审理案件机制行政化。由于我国传统文化的影响和法官素质的原因，法官在审判活动中必须服从层层领导。一个普通法官必须接受副庭长、庭长、副院长、院长的领导，审判过程中有请示、汇报、报告一系列过程。对一些认为重大或吃不准的案件，还会出现由审委会决定向上级法院请求的情形。

针对上述问题，党的十八届四中全会着眼确保依法公正独立行使审判权、检察权，又作出了进一步的具体部署。

——各级党政机关和领导干部要支持法院、检察院依法独立公正行使职权。建立领导干部干预司法活动、插手具体案件处理的记录、通报和责任追究制度。任何党政机关和领导干部都不得让司法机关做违反法定职责、有碍司法公正的事情，任何司法机关都不得执行党政机关和领导干部违法干预司法活动的要求。对干预司法机关办案的，给予党纪政纪处分；造成冤假错案或者其他严重后果的，依法追究刑事责任。

长期以来，部分党政机关和领导干部插手、过问具体案件已经成为影响司法公信力的重要因素，引起了人民群众的严重不满。即使没有引发错误的司法裁决，也会让社会公众对司法公正产生怀疑和动摇，因此，建立健全禁止党政机关和领导干部干预、插手具体案件的制度，是完全必要的，对提高司法公信力必将产生积极作用。

——完善惩戒妨碍司法机关依法行使职权、拒不执行生效裁判和决定、藐视法庭权威等违法犯罪行为的法律规定。

依法独立行使司法权还表现为司法权的顺利运行。近年来，一些妨碍司法机关依法行使职权的现象时有发生，扰乱法庭秩序、拒不执行生效裁判、藐视法庭权威等行为，不仅影响了当事人合法权利的实现，也对司法权威造成了严重破坏。司法权作为公民权利救济的重要途径，只有从制度上完善惩戒妨碍司法机关依法行使职权的措施，司法权才能有效地维护人民群众的合法权利。

——建立健全司法人员履行法定职责保护机制。非因法定事由，非经法定程序，不得将法官、检察官调离、辞退或者作出免职、降级等处分。

要使法官、检察官在履行法定职责时能坚定地依法办事，不仅要有相应的制度来惩罚那些非法干预行为，也要在制度上避免依法办事的法官检察官受到不公正对待，比如被调离、免职、“穿小鞋”等恶意的打击报复。建立健全司法人员履行法定职责保护机制，其目的就是为司法人员独立办案“撑腰打气”、解除后顾之忧。

延伸阅读

进一步深化司法体制改革确定了“路线图”和时间表

2015年4月，中办、国办印发《关于贯彻落实党的十八届四中全会决定进一步深化司法体制和社会体制改革的实施方案》（简称《实施方案》），为进一步深化司法体制和社会体制改革确定了“路线图”和时间表。党的十八届四中全会提出的190项重大改革举措中，有关进一步深化司法体制和社会体制改革的有84项，《实施方案》从三方面对84项举措作出了安排。一是在保证公正司法、提高司法公信力方面，共有48项改革举措。重点包括推进以审判为中心的诉讼制度改革，改革法院案件受理制度，探索建立检察机关提起公益诉讼制度，实行办案质量终身负责制和错案责任倒查问责制，完善人民陪审员和人民监督员制度等。二是在增强全民法治观念、推进法治社会建设方面，共有18项改革举措。重点包括发展中国特色社会主义法治理论，把法治教育纳入国民教育体系和精神文明创建内容，完善守法诚信褒奖机制和违法失信行为惩戒机制，推进公共法律服务体系建设，构建对维护群众利益具有重大作用的制度体系，完善多元化纠纷解决机制等。三是在加强法治工作队伍建设方面，共有18项改革举措。重点包括完善法律职业准入制度，建立符合职业特点的法治工作人员管理制度，建立法官、检察官逐级遴选制度，健全法治工作部门和法学教育研究机构人员的双向交流与互聘机制，深化律师管理制度改革等。按照《实施方案》的时间安排，这些改革举措都要在2015年至2017年的三年内出台具体落实的政策、措施。

三、优化司法职权配置，推进严格司法

2014年12月28日，上海第三中级人民法院和上海检察院第三分院正式揭牌，这标志着司法领域的新事物——我国首个受理跨行政区划案件的法院、检察院的诞生。这是落实党的十八届四中全会要求，优化司法职权配置的一项重要举措。

长期以来，我国司法工作在职权配置方面存在一些突出问题，影响着司法公正的实现，制约着司法能力的提升。

比如，司法机关性质的地方行政化。人民法院是国家的审判机关，人民检察院是国家的检察机关，除最高人民法院、最高人民检察院外，其他各级地方人民法院、检察院按照宪法精神本属国家设在地方的各级人民法院、检察院。但由于管理体制原因，各级地方司法机构的人、财、物等有形资源均由各级行政机关支配和管理，国家“设在地方的各级人民法院、检察院”基本上变成了“地方设的人民法院、检察院”，在办案时容易受到地方同级党委、政府的干预和影响。有的地方部门或领导利用职权和关系插手案件处理，导致相关诉讼分“主客场”、行政诉讼“空转”、案件查办受阻停滞等司法不公现象出现。

又如，司法实践中的“侦查中心主义”倾向。在我国刑事诉讼制度中，公安机关是侦查机关，负责侦查、搜集、固定证据。检察

机关是公诉机关，负责审查证据，确保证据充分并提起公诉。法院是审判机关，在控辩双方充分举证、质证、辩论后，通过法庭审判做出公正裁决。审判作为刑事诉讼的最后一道程序，是参与的诉讼主体最多的诉讼程序，也是最终对案件做出裁判并承担法律责任的诉讼程序，理应占据中心地位。但是长期以来，在司法实践中存在“重侦查”、“轻审判”的倾向，一些关键证据没有收集或者没有依法收集，一些案件没有达到“案件事实清楚，证据确实、充分”的法定要求就进入庭审。这种情况下，法院如果判被告人有罪，容易造成冤假错案；如果判无罪，又要承受社会各方压力，致使办案人员既害怕“错判”又担心“错放”，骑虎难下、进退两难。

知识点

案件事实清楚，证据确实、充分

这是我国刑事诉讼的两个证明标准。所谓案件事实清楚，是指凡与定罪量刑有关的事实和情节，都必须是清楚的、真实的。具体讲就是作为构成案件事实的“七何”要素，即何人、在何时、何地、基于何种动机、使用何种手段、实施了何种犯罪行为、造成了何种危害后果七种要素，或者作为犯罪构成的四个要件（犯罪主体、犯罪的主观方面、犯罪的客观方面、犯罪客体）的事实，必须查清。所谓证据确实、充分是指符合三个条件：（1）定罪量刑的事实都有证据证明；（2）据以定案的证据均经法定程序查证属实；（3）综合全案证据，对所认定事实已排除合理怀疑。

此外，还存在“二审终审不终”、“审理者不裁判、裁判者不负责”等问题。解决这些突出问题、优化司法职权配置，是近些年来推进司法体制改革的重要任务。党的十八届四中全会提出了一系列优化司法职权配置、推进严格司法的重要举措。

——设立跨行政区划的人民法院和人民检察院，办理跨地区案件。这是着眼于排除地方保护主义对司法的干扰而提出的，有助于保证司法的公正、公信力和权威，推动构建普通案件在行政区划法院审理、特殊案件在跨行政区划法院审理的诉讼格局。这项改革，可通过改造现有铁路运输法院和检察院，充实审判人员、检察人员来逐步实现。此外，还要推行审判权和执行权分离，改革司法机关人财物管理体制，探索实行法院、检察院司法行政事务管理权和审判权、检察权相分离，积极探索符合我国国情特点的司法机关人财物管理体制。

——推进以审判为中心的诉讼制度改革。高度重视、切实发挥审判程序的职能作用，促使侦查程序和公诉程序始终围绕审判程序的要求进行，确保侦查程序和公诉程序的办案标准符合审判程序的法定定案标准，从源头上防止事实不清、证据不足的案件或者违反法律程序的案件“带病”进入审判程序，有效防范冤假错案。

——完善办案责任制，健全内部监督制约机制。落实“谁办案谁负责”，建立司法机关内部人员过问案件的记录制度和责任追究制度，建立科学合理、切实可行的案件质量终身负责制度，实行错案责任倒查问责制，建立错案倒查机制，确保案件经得起法律、历史和人民的检验。健全事实认定符合客观真相、办案结果符合实体公正、办案过程符合程序公正的法律制度。明确各类司法人员工作职责、工作流程和工作标准，构建确保严格、公正、高效办案的侦查、公诉和审判工作流程，依法管控好办案流程的关键节点，倒逼严格司法。

——实行立案登记制，对人民法院依法应该受理的案件，做到依法有案必立、有诉必理，有效化解群众诉讼难，并加大对虚假诉讼、恶意诉讼、无理缠诉行为的惩治力度。

——完善审级制度，进一步明晰各审级功能定位，一审重在解决事实认定和法律适用，二审重在解决事实法律争议、实现二审终审，再审重在解决依法纠错、维护裁判权威。

知识点

审级制度

审级制度是一国司法制度的重要组成部分，是指法律规定的审判机关在组织体系上设置的等级，当事人可以上诉或检察机关可以抗诉几次，一个案件经过多少级法院审判后，判决、裁定即发生法律效力的一种诉讼法律制度。我国的审级制度，就审判程序而言是两审终审制；就人民法院体系而言是四级两审制。地方各级人民法院对于按照审判管辖的规定由它审判的第一审案件作出判决或裁定以后，若当事人不服，可以在法定期限内向上一级人民法院提起上诉；上一级人民法院对上诉或抗诉案件，经过审理所作出的判决或裁定，就是第二审的判决或裁定。根据两审终审制度，人民法院的第二审判决或裁定，就是终审的判决或裁定，当事人不得再行上诉。最高人民法院是我国的最高审判机关，它审判的一审和二审案件的判决和裁定都是终审判决和裁定，一经宣布即发生法律效力。

四、加强人权司法保障

俄国法学家拉扎列夫认为："法治国家的重要特征之一是对个人权利和自由的现实保证。人权是法治国家的精髓，也是社会整体发展的重要因素之一。"这句话指出了人权对于建设法治国家的重要性。尊重和保障人权，让每一个人享有越来越多的权利和自由，是社会主义制度的本质要求，也是我国宪法的重要原则。通过司法活动，守好保障人权的屏障，既是建设社会主义法治国家的一贯追求，也是实现司法公正的核心所在。

新中国成立 60 多年来，党和政府一直为维护和改善人权做着不懈的努力并且取得了显著成就。尤其是近年来，我国人权事业取得令世人瞩目的成就，尊重和保障人权正成为建设社会主义法治国家的重要标志。

实现了人民当家作主，从政治上保证了人民享有广泛的政治权利。我国宪法规定，中华人民共和国的一切权力属于人民。人民行使国家权力的机关是全国人民代表大会和地方各级人民代表大会。人民依照法律规定，通过各种途径和形式，管理国家事务，管理经济和文化事业，管理社会事务。人民当家作主，是中国人民最根本的人权。年满十八周岁的公民，不分民族、种族、性别、职业、家庭出身、宗教信仰、教育程度、财产状况、居住期限，都有选举权和被选举权。我国公民享有集会、游行、示威、结社和宗教自由等权利。

促进行政和司法中的人权保障。根据宪法和法律规定，我国公民在法律面前一律平等。依法行政是我国各级行政机关的工作准则，宪法和法律赋予行政机关管理权，同时为其设定法律界限，要求行政机关在依法履行职责的同时要保障人民的合法权利不受侵犯。在拘留逮捕、搜查取证、起诉审判和监狱管理等制度上，坚持保护当事人合法权利的原则，通过公安、检察院和法院的分工与制约，在惩罚犯罪的同时保护人权。

也要看到，尽管我国的人权事业取得了长足进展，但与党中央的要求和人民群众的期待相比，还存在一些差距。特别是在人权司法保障方面，侵犯人权的现象仍时有发生。因此，必须把加强对人权的司法保障作为保证公正司法、提高司法公信力的重要任务，对侵犯人权的各种行为亮剑，促使公权力依法严格行使、司法机关严格公正司法，这对于贯彻我们党执政为民、司法为民宗旨，发展社会主义民主政治文明，推进法治中国建设都具有重要意义。

诉讼权利保护要强化。多年前电影《秋菊打官司》中“要个说法”的名言很多人还记忆犹新，的确，多年来“打官司难”的问题凸显了保障公民诉讼权利的重要性。诉讼权利是当事人和其他诉讼参与人依法享有的重要人权，在一定程度上反映了国家的法治水平和人权保障水准。随着依法治国方略全面推进，我国关于诉讼权利的规定有的还待进一步落实，有的还需要继续完善。党的十八届四中全会通过的决定为此作出了“强化诉讼过程中当事人和其他诉讼参与人的知情权、陈述权、辩护辩论权、申请权、申诉权的制度保障”的规定，要求通过切实保障知情权，让当事人明明白白打官司；切实保障陈述权、辩护辩论权，让诉讼参与人能说话、敢说话、说真话；完善诉权救济机制，为诉讼权利受到不当限制或者非法侵犯的当事人提供畅通的救济通道。

刑事基本原则要严格落实。罪刑法定、疑罪从无、非法证据排除等法律原则是人权司法保障的重要制度安排，规定了法无明文规定不为罪、法无明文规定不处刑、定罪处刑不得溯及既往；规定了达不到事实清楚，证据确实、充分的，不得对被告人宣告有罪，对非法证据必须依法排除等。只有严格贯彻落实这些原则要求，才能充分在司法各流程中保护好当事人的人权。为此，要加强司法解释和司法行为规范化建设，把这些基本原则及相关规定全面加以落实；适时修改完善刑法、刑事诉讼法等相关法律，把这些原则的精神和要求进一步具体化；完善相关配套制度建设，确保这些基本原则有效贯彻落实到执法办案的各个阶段和各个环节。

防范冤假错案的司法监督要加强。刑讯逼供、制造冤假错案是对人权的重大侵犯。一个冤假错案的负面影响，足以摧毁 99 个公正裁判积累起来的司法形象。近年来，聂树斌案、呼格吉勒图案等一起起冤假错案的再审重判，体现了人权司法保障的进步，受到了广大群众的认同支持。下一步，要坚持司法三机关分工负责、相互配合、相互制约原则，从源头上完善司法监督制约机制。健全落实完善对限制人身自由司法措施和侦查手段的司法监督，完善对刑讯逼供、非法取证的源头预防，健全冤假错案的有效防范、及时纠正机制。

解决执行难的法律制度要完善。当前，国家强制执行法律尚不健全，处理涉案财物的司法程序缺乏健全的法律规范，一些被执行人恶意逃避执行、暴力抗拒执行相当普遍，执行难已成为削弱司法权威、影响司法公正的一个顽疾。要加快建立失信被执行人信用监督、威慑和惩戒法律制度，加大曝光和制裁力度，使之不敢、不能抗拒执行，依法保障打赢官司的人及时实现权益。要针对“执行乱”、“执行软”问题，制定强制执行法，规范查封、扣押、冻结、处理涉案财物的司法程序。

依法行使申诉的权利要保障。申诉权是法律赋予的一项监督权和救济权。保障当事人行使申诉权利，对于监督国家机关依法行使职权，为合法权益受到侵害的当事人提供合法理性的救济渠道十分重要。要落实终审和诉讼终结制度，坚决维护终审裁判的权威，防止案件终审不终、该结不结。对依法进行的申诉行为，不得扣押申诉材料、不得限制人身自由等，对合法正当的申诉请求，要依法及时解决问题，防止申诉程序空转、申诉权利虚置。实行诉访分离，依法将涉法涉诉信访和普通信访明确区分，以利于司法机关和信访部门分工负责，形成合力。要逐步实行律师代理申诉制度，切实解决人民群众申诉难问题。

五、加强对司法活动的监督

这些年，随着司法体制改革的不断深化，司法机关依法独立公正行使职权更有保障，司法职权配置不断优化，司法行为逐渐规范，司法监督效力提升，司法民主和司法公开有序推进，司法公信力逐步提高。但也要看到，司法领域存在的问题还不少，一个突出的问题就是司法腐败。“大盖帽两头翘，吃了原告吃被告”，徇私舞弊、贪赃枉法的现象屡禁不止；“案子一进门，两头都托人”，关系案、人情案、金钱案还大量存在；有权人、有钱人以权“赎身”、提“钱”出狱，高墙内的腐败不断刺激着社会的神经。

司法腐败虽然只是产生在少数司法人员中，但它就像一个“毒瘤”，不仅吞噬司法公信力，损害司法权威，影响人民群众对法治的信心，还会产生连锁反应，滋生和助长其他腐败，危害党和国家事业健康发展。正因为其致命的破坏作用，司法腐败被称为“最大的腐败”，为人民群众所深恶痛绝。

有权力的地方必须有监督，没有监督的权力必然导致腐败。当前司法领域出现的司法腐败现象，在很大程度上与司法权力未能得到有效的监督制约有关。要防止司法腐败，必须加强对司法活动的监督，健全和完善监督机制。

对司法活动进行监督的核心，就是规范和约束司法权的行使，对其形成必要的制约，以确保其依法正确运行。党的十八届四中全会把加强对司法活动的监督作为促进司法公正、防止司法腐败的重要内容，接下来要整合监督资源，使法律监督和社会监督有机结合起来，共同构筑防治司法腐败的“防火墙”。

延伸阅读

减刑、假释、暂予监外执行更加严格规范

近年来，一些通过权钱交易，违法暂予监外执行、减刑等案件不断被媒体披露，引发公众关注。针对人民群众反映强烈的这一问题，中央政法委组织政法各单位开展了专项治理，并于2014年2月出台了《关于严格规范减刑、假释、暂予监外执行切实防止司法腐败的意见》，重点对职务犯罪、破坏金融管理秩序和金融诈骗犯罪、组织（领导、参加、包庇、纵容）黑社会性质组织犯罪等三类罪犯减刑、假释、暂予监外执行作出进一步规范。指导意见从严规定三类罪犯减刑、假释、暂予监外执行的实体条件，强

化了监督制约的程序规定，明确了各个工作环节的责任，加大了对违法违规行为的从严惩处力度。意见的出台有助于严格规范减刑、假释、暂予监外执行，堵塞滋生司法腐败的“漏洞”，对于维护司法公正、提高司法公信力有着重要的意义。

强化检察机关监督权。我国宪法明确规定检察机关为国家的法律监督机关，依法对侦查、审判及刑罚执行各个环节的执法情况实施司法监督。目前，检察机关的民事法律监督权，只有当事人不服判决、裁定而向检察机关申诉才能得以启动，属于事后监督。检察机关要不断加大监督力度、提高监督水平。要进一步完善人民检察院对司法活动进行监督的范围、方式、程序及保障措施，明确对执行活动监督的范围和程序；细化对行政诉讼活动监督的范围、程序、方式和要求；等等。

延伸阅读

新反贪总局即将成立

2015年全国“两会”期间，最高人民检察院检察长曹建明在作工作报告时明确，今年将整合组建新的“反贪污贿赂总局”。目前的最高检反贪总局，自设立至今已有20个年头。如今，一些影响办案成效的问题也逐渐显现，特别是机构设置不合理、力量分散、案多人少、统筹乏力、装备落后等问题日益凸显，已完全不能适应反腐败斗争新形势的需要。为此，最高检将整合现设的反贪污贿赂总局、渎职侵权监察厅、职务犯罪预防厅，成立新的反贪污贿赂总局，局长由一名副部级检察委员会专职委员兼任。新的反贪总局成立后，在职能配置、办案力量、领导班子上都会进一步加强，将有利于最高人民检察院集中精力直接查办大案要案、破除制约办案工作发展的体制机制障碍。新反贪总局将成为具有更大战斗力、威慑力、公信力、灵敏高效的中国检察特色反腐败专门机构。

完善人民监督员制度。目前人民监督员是由检察机关商请其他单位，组织民主推荐，检察机关进行考察确认后产生，存在“自己选人监督自己”的问题。应改革人民监督员选任和管理方式，探索由省、市两级司法行政机关负责人民监督员选任和管理工作，增强其公信力。要拓展人民监督员监督案件范围，重点监督检察机关查办职务犯罪的立案、羁押、扣押冻结财物、起诉等最容易出现违法违规办案问题的重点环节。完善人民监督员知情权保障制度，让人民监督员参与案件跟踪回访和执法检查。

知识点

人民监督员制度改革

人民监督员制度是检察机关在办案过程中倾听人民群众意见，接受人民群众监督的有效形式，也是检察机关自身强化法律监督职能的重要举措。人民监督员制度作为一项探索创新，从2003年起经历了先期试点、扩大试点、深化改革等多个阶段，在改革探索中逐步完善。2015年3月，最高人民检察院、司法部印发了《深化人民监督员制度改革方案》。方案着眼加强对检察机关职务犯罪案件查办工作的外部监督制约，明确了人民监督员制度改革的总体思路，从人民监督员选任管理方式、监督范围、监督程序、知情权保障、加快制度立法等方面提出了具体改革任务，人民监督员制度自此进入全面深化改革的新阶段。方案的亮点之一是人民监督员的选任和管理由司法行政机关进行，从制度上解决了“检察机关自己选人监督自己”的问题，提高了人民监督员制度的公信力和权威性。方案的出台，将进一步拓宽人民群众有序参与司法的渠道，提高检察工作的透明度和司法公信力。

重视和规范舆论监督。当前，随着网络和微博、微信等新媒体迅速发展，舆论监督在揭露司法腐败方面的作用越来越大。司法机关应该及时回应社会关切，着力推进案件信息查询、重大案件信息和典型案例发布等工作，对媒体反映的司法活动和队伍中的腐败问题及时回应。同时，要规范媒体对案件的报道，对重大敏感案事件理性报道，避免炒作渲染，防止舆论影响司法公正。

第七章

育法治观念：形成人人守法的社会氛围

"大闹大解决，小闹小解决，不闹不解决"，这是一些群众在日常生活中信奉的法则。

"管它这个法那个法，领导的想法才是法，手中的权力才是法"，这是部分领导干部在处理事务时的内心独白。

虽然我们党提出依法治国已经过去十多年了，我国社会主义法治建设也取得了历史性成就，但是上述思想观念还在一部分人的心中根深蒂固，这反映出法律意识的欠缺和法治观念的薄弱，影响着法治中国的进程。法国启蒙思想家卢梭曾经讲过："一切法律中最重要的法律，既不是铭刻在大理石上，也不是铭刻在铜表上，而是铭刻在公民的心中。"只有全社会都信仰法律，人民衷心拥护认同法律、树立起法治观念，全社会形成尊法崇法的浓厚氛围，社会主义法治国家建设才能顺利推进。

一、法治观念是什么

法治观念是法治的重要基础。如果一个社会大多数人对法律没有信任感，认为靠法律解决不了问题，那么法律就只能是聋子的耳朵——摆设，不会有什么权威，更不可能建成法治社会。法律只有被认同、被信仰，成为内化在人们心目中、熔铸到人们头脑中的强大观念，人们才会自觉自愿地遵守法律，把依法办事当成自己的生活习惯。

法治观念是公民在参与法律实践过程中对法治认识的内化和积淀，是以公民的法律认识、法律感情和法律意识为基础的一系列观念集合。当前，理论界对法治观念的内涵还存在不同的看法。据一些学者的研究，法治观念至少应该包含以下三项基本内容。

信仰法治。"法，国之权衡也，时之准绳也。"法律是一定社会历史条件下稳定化的行为规范，普遍适用于每个社会成员。全社会树立法治信仰，就意味着法律面前人人平等，社会行为的理性化和程序意识。信仰法治，可以避免将法律简单理解为手段和工具，守法成为只针对个别群体的要求，可以使社会每个成员将外在的法律要求内化为自我的要求，成为自觉行动的约束和指南，这样才能真正实现法治的效果。全民信仰法治，就是要坚持宪法和法律的至上性和法律适用上的平等性。任何组织和个人，都不具有超越宪法和法律以上的特权，要绝对杜绝以权压法、以言代法、徇私枉法。如果我们不能将宪法和法律置于至上的地位，一个国家的法治就无从谈起。

正确对待权利与责任的关系。一切法律的基础是对于人的价值的尊重。然而，法律在充分尊重和保障公民权利的同时，也明确了公民的责任和义务。在法治社会中，公民不仅要享受自己的权利和自由，还要尊重和维护他人的权利和自由，不仅要维护个人权益，也要捍卫公共利益。正如孟德斯鸠所说，“自由是做法律许可的一切事情的权利”。如果每个人的行为都可不受法律约束，那么每个人都没有自由了，任何人的权利和自由都可能被别人的违法行为所侵害。

知识点

五年普法规划

1985 年 11 月，第六届全国人民代表大会第十三次会议作出《关于在公民中基本普及法律常识的决议》，规定从 1986 年起，争取用五年左右的时间，有计划、有步骤地在一切有接受教育能力的公民中，普遍进行一次普及法律常识的教育，并且逐步做到制度化、经常化，由此开始了中国法治史上的第一个五年普法规划。截至目前，我国已完成了五个五年普法规划，“六五”普法规划即将于 2015 年完成。五年普法规划的实施，是中国特色社会主义法治建设的基础性、社会性工程，在改革开放 30 多年的法治进程中，发挥了独特的作用。

维护国家利益。我们每个人都生活在国家之中，法律是国家意志的体现。国家既是法律的权威制定者，也是法律的实施者和维护者，是整个社会利益的代表者。在任何一个国家生活的人都要遵守所在国的法律，不能有损害国家利益的言行。作为公民，更要学法、普法、懂法、守法，这不仅是对自身利益的一种保护，更是对大多数人和整个社会利益的一种贡献。在我国，国家利益、集体利益与个人利益是有机统一的，人权与主权并不矛盾。因此，既要维护个人权益，也要顾全国家大局，既要实现人权，也要捍卫主权。

应该看到，不仅法治观念的内涵有待进一步归纳总结，树立法治观念、培养法治意识更是一项艰巨的任务。我国有着两千多年的封建专制历史，人治思想根深蒂固，人治文化传统源远流长，制约了人们现代法治观念的形成。加之在现实生活中，大量有法不依、执法不严、违法不究现象存在，造成“违法成本低、守法成本高”，严重削弱了法律的权威，影响了人们对法治的信仰。因此，必须着力增强全民法治观念，增强全社会厉行法治的积极性和主动性，使全体人民都成为社会主义法治的忠实崇尚者、自觉遵守者、坚定捍卫者。

二、如何推进全民普法，培育法治观念

我们要建设的法治中国，是制度、机制、文化的有机统一。全面推进依法治国，就要在着力完善法律制度和加强法律实施的同时，着力加强法治宣传教育，增强全社会法治意识，让法治内化于心、外化于行，成为一种信仰、一种文化、一种核心价值。要在继承历史传统和总结成功经验的基础上，调动全社会的力量，不断完善机制、创新形式，培育法治观念，努力营造浓厚的法治氛围。

知识点

法治文化

法治文化是指从一定的政治、经济、文化的历史和现实环境中生长出来，经过长期社会化过程积淀下来的，人们对法律生活所持有的以价值观为核心的思维方式和行为方式，包括法治意识、法治观念、法治思想、法律价值取向等内容。法治文化意味着法治精神得以普遍化地实践和实现，社会活动是按照法治精神实践的方式、过程和实现的结果。

要加强法治宣传教育。我国从改革开放以来，一直非常重视法治宣传，现在已经进入了第六个“五年普法”阶段。相对于法治社会建设的要求，法治宣传在方式、手段等方面还有改善的空间，改善的核心是适应广大人民群众了解法治的习惯，满足他们对于法治的需求。要扎实推进“六五”普法活动，在全社会营造“学法尊法守法用法”的氛围。要进一步健全党委领导、人大监督、政府实施、各部门齐抓共管、司法行政机关组织协调、全社会共同参与的领导体制，更加有效动员全社会力量开展普法。实行国家机关“谁执法谁普法”的普法责任制，建立以案释法制度，法官、检察官、行政执法人员、律师都有着丰厚的职业素养、丰富的从业经验，要发挥他们的职业优势，组织他们走上讲坛、深入群众，广泛开展以案说法、以案释法活动。健全媒体公益普法制度，进一步推进媒体普法工作的常态化、机制化。高度重视加强网络、手机、微博和微信等新媒体新技术在普法工作中的应用，为公众提供全方位的学法平台，切实提高普法实效。

知识点

“谁执法谁普法”

“谁执法谁普法”是指由执法者来承担普法义务，亦即属于哪个部门执行的法律，就由哪个部门负责向群众来宣传、来普及。比如，涉及交通安全的法律，就由公安机关负责宣传普及；涉及依法纳税方面的法律，就由税务部门负责宣传普及；涉及市场秩序管理、消费者权益保护方面的法律，就由工商部门负责宣传普及；等等。

要培养知法守法的良好习惯。习惯是法律的最好解释者。真正的观念养成是一个育化过程，身教胜于言教，个人习惯胜于外部要求。要从小抓起，从日常生活的点滴做起，将依法办事贯穿于工作交往之中。要将法治教育列为公民素质教育的重要内容，创新教育方式，提高教育效果。要将法治的精神贯彻到学校规定、村规民约、社区规范、岗位要求等具体的规则之中，不能用非正式规则来代替，甚至否定法律这样的正式规则，而应该用非正式规则来辅助和支持法律的运行。对于知法守法的行为，给予社会赞誉、制度奖励，对于知法犯法、执法犯法行为，要给予及时有效的惩处，形成良好的社会氛围、制度文化。不让知法守法的人吃亏，更不能让知法犯法的人逍遥法外。

领导干部要率先垂范。古人说，“其身正，不令而行；其身不正，虽令不从”。领导干部带头学法、尊法、守法、用法，就会成为推动形成守法光荣、违法可耻社会氛围的重要带动力量。领导干部要带头学法。建立健全各级领导干部学习宪法法律制度，把宪法法律纳入党委（党组）中心组学习内容，作为党员教育的重要方面，列入党校、行政学院必修课，实现学习和教育培训的广泛覆盖。领导干部要带头守法。增强守法意识，对法律怀有敬畏之心，牢固确立法律红线不能触碰、法律底线不可逾越的法治观念，绝不能行使法律没有授予的权力，更不能以言代法、以权压法、徇私枉法。领导干部要带头用法。领导干部是法治精神的践行者、捍卫者，必须高度重视法治实践。凡是想问题、作决策、办事情，第一原则就是按法律办事，不断提高运用法治思维和法治方式深化改革、推动发展、化解矛盾、维护稳定的能力。

要发挥执法司法的引领作用。法律实施的过程，对法治文化的形成有着重大影响。执法过程中，如果执法不严、违法不究，使法律成为纸老虎、稻草人，就会形成“破窗效应”，使法律丧失权威。司法公正是社会公平正义的最后一道防线。习近平总书记曾经用“100－1＝0”的比方来说明公正司法的重要性，即一个错案的负面影响，足以摧毁99个公正裁判积累起来的良好形象。因此，必须坚持严格执法、公正司法，把社会主义核心价值观贯穿于法律实施的每一个环节，努力让人民群众在每一次执法行为、每一个司法案件中都能感受到公平正义。

三、如何以道德滋养法治精神

“徒善不足以为政，徒法不足以自行。”法律是成文的道德，道德是内心的法律，两者都是治国理政的重要手段。党的十八届四中全会提出了坚持依法治国和以德治国相结合的重大原则，阐明了法治与德治的内在关系。法律的有效实施有赖于道德的支持，道德的自觉践行也离不开法律的强力约束；法律难以规范的领域，道德可以发挥作用，而道德无力约束的行为，法律则可以给予惩戒。因此，国家和社会治理需要法律和道德协同发力，需要法治和德治两手齐抓。法治与德治如车之两轮、鸟之两翼，不可偏废，德法合治、刚柔并济，才能取得最佳效果。具体到树立法治观念、在全社会培育法治氛围来说，同样离不开道德的滋养。实践证明，通过持之以恒加强道德建设，提升了法治的精神品质，促进了法治的有效实施，强化了法治的治理效果。

道德是法治的基石。没有道德的滋养，法治文化就缺少源头活水，法律实施就缺乏实践基础。法律依赖道德而被认同和遵行，一个人的道德觉悟提升了，必然会自觉尊法守法；全社会的道德水准提升了，法治建设才会有坚实的基础。加强普法宣传教育、树立法治观念，必须重视发挥道德的教化作用，为法治观念深入人心创造良好人文环境。

在立法上，要进一步完善与社会主义道德规范相协调的法律体系。道德观念是法律规范的重要来源。任何法律都内含着道德判断、体现着道德取向。只有符合广大人民道德意愿、符合社会公序良俗，法律才能为人们所信仰、所遵守。目前已经形成的中国特色社会主义法律体系，总体上反映了社会主义的道德追求，体现了社会主义核心价值观的要求。同时要看到，也有一些法律法规的某些条文和具体内容，存在与社会主义道德规范和核心价值观要求不协调、不"合拍"甚至相悖的问题。要加强法律与道德的协调和衔接，重视对法律的道德效果评估，对关乎国计民生的法律法规的立改废，要充分考虑道德因素和道德风险，对在深化改革中被广泛认同、行之有效的道德诉求要及时上升为法律规范，对有违道德要求、不符合人民利益的法律法规要及时修改或废止，在立法中始终彰显道德的价值和力量。

在执法、司法中，要加强行政执法和司法队伍思想道德建设。行政执法和司法队伍是宪法法律的实施者、公平正义的捍卫者，他们的思想道德水平直接影响法治中国建设进程。要着眼建设高素质法治专门队伍，加强思想政治建设，以社会主义核心价值观为引领，坚定理想信念，坚持宪法法律至上。在执法过程中，要遵循职业伦理要求，依法做到不滥用权力，不懒政庸政；要依法正确行使自由裁量权，对侵害公共利益、人民权益和社会秩序等行为及时予以规诫遏制。在司法过程中，既要严格以明确的法律规范为遵循、为依据，又要深入领会和准确把握法律规范所体现的价值导向和思想内涵，确保法律的实施不违背立法宗旨、不偏离正确方向；要使司法行为既遵从法律标准又体现鲜明的道德导向，既于法有据又合乎情理，从而使人民群众能从每一个司法案件中感受到公平正义。

在普法的同时，大力加强公民道德建设，增强法治的道德底蕴。人们对法律的认同，很重要的是对其蕴含的道德价值的认同；人们对法律的遵守，很重要的是源于思想道德觉悟的提升。要深入实施公民道德建设工程，加强社会公德、职业道德、家庭美德、个人品德建设，强化规则意识，倡导契约精神，弘扬公序良俗，引导人们自觉履行法定义务、社会责任、家庭责任。要加强社会诚信建设，引导公众依法、理性破解道德难题，发挥法治在解决道德领域突出问题中的作用。要完善市民公约、乡规民约、学生守则等行为准则，使社会主义道德更加深入人心，为推进法治建设培育丰厚的道德土壤。

此外，还要大力弘扬中华优秀传统文化，为法治提供思想观念层面的文化支撑。中华民族自古以来就提倡“以文化天下”，以理服人，以文服人，以德服人，是中华文化的生命禀赋和生存耐性，无论是“明礼知耻”还是“崇德向善”，这些精神因子都流淌在炎黄子孙的血液中，为法治深入人心奠定了坚实的基础。应大力弘扬中华优秀传统文化，深入挖掘其蕴含的“以法为本”、“缘法而治”、“刑无等级”、“法不阿贵”、“君臣上下贵贱皆从法”等思想精华，并做好创造性转化和创新性发展，使其在新的时代条件下发扬光大。

第八章

强党的领导：社会主义法治最根本保证

在当今中国，东西南北中，工农商学兵政党，中国共产党是领导一切的核心力量。中国治国理政的根本是中国共产党的领导，中国特色社会主义的最大特色、最本质特征也是党的领导。

当前，我们正行进在建设社会主义法治国家的征途上，走好这条道路，也一刻不能离开党的领导。党的十八届四中全会强调指出，坚持党的领导，是社会主义法治的根本要求，是党和国家的根本所在、命脉所在，是全国各族人民的利益所系、幸福所系，是全面推进依法治国的题中应有之义。

一、为什么社会主义法治建设离不开党的领导

建设社会主义法治，必须始终坚持党的领导。党在法治建设中的领导地位，不是天生的，也不是自封的，而是源于历史和现实的选择，源于党的领导与社会主义法治的内在一致性。

从我国法治建设历史进程来看，党的领导是社会主义法治建设的一条基本经验。早在建党之初，我们党就重视以法治精神号召和鼓舞人民，1922 年党的二大宣言提出建立“真正民主共和国”，“制定关于工人和农人以及妇女的法律”。此后在陕甘宁边区执政时期，党制定了具有根本法性质的《陕甘宁边区施政纲领》以及一系列法律法规，建立了比较完整的司法体系。1949 年新中国成立前夕，我们党领导制定了具有临时宪法性质的《中国人民政治协商会议共同纲领》，为新中国成立奠定了法律基础。新中国成立后，以毛泽东同志为核心的党的第一代中央领导集体，领导人民在较短时间内制定了婚姻法、土地改革法等法律。1954 年颁布的《中华人民共和国宪法》，开辟了我国社会主义法治建设新纪元。后来，受极左思潮影响，社会主义法治建设遭受严重挫折。以邓小平同志为核心的党的

第二代中央领导集体，深刻总结我国法治建设的经验教训，确立了“为了保障人民民主，必须加强法制”的思想，提出了有法可依、有法必依、执法必严、违法必究的基本原则，开启了中国特色社会主义法治建设新道路。以江泽民同志为核心的党的第三代中央领导集体，把依法治国确立为党领导人民治理国家的基本方略并将其载入宪法，使我国社会主义法治建设进入新阶段。以胡锦涛同志为总书记的党中央，把依法执政确立为党治国理政的基本方式，推动我国社会主义法治建设取得新进展。党的十八大以来，以习近平同志为总书记的党中央，全力推进中国特色社会主义法治体系建设，切实保障宪法法律实施，推进法治政府建设，推动司法制度改革完善，有力维护了各族人民的共同意志和根本利益，开创了我国社会主义法治建设新局面。

回顾历史，可以很清楚地看到，社会主义法治建设始终在党的领导下持续发展，没有党的领导，我们的法治建设就不可能取得今天的历史性成就。

延伸阅读

“党大还是法大”是个伪命题

有一种看法，说党的领导与依法治国难以兼容，甚至相互排斥。结果，有人就直接把这个主观的假设当成了客观的前提，紧接着就抛出这么个问题：到底党大还是法大？其实，这是一个伪命题，把党的领导与依法治国对立起来是错误的。清华大学法学院院长王振民指出，我国法律本身就是党的路线方针政策的法律化、制度化，法律是由立法机关通过立法程序加以明确的执政党的政策，党的政策是法律的灵魂和基础。过去，党的政策形成以后，一般无须法律化就可以直接执行，这既不利于维护国家法治的权威，也不利于党的政策的执行。因为党的政策未经法律化，就没有法律的约束力。近年来，党的执政方式的一大转变就是凡属重大的政策都要法律化，通过立法机关变成国家的法律。法治正在成为党治国理政的主要方式。因此，党的政策与法律本身不应该有矛盾。严格依法办事、依法行政、依法司法，就是在执行党的相关政策。通过立法程序，由人民选出的代表反映人民的意见和建议，把人民的意志与党的意志融合在一起，通过法律的载体表达出来，从而实现了党的领导、人民当家作主和依法治国的有机统一。

从我国法治建设现实任务来看，全面推进依法治国的历史重任应当而且只能由党来组织实施。一方面，全面推进依法治国的全局性和系统性，要求坚持党的领导。全面推进依法治国既要求依法治国、依法执政、依法行政共同推进，把国家事务和社会事务、经济和文化事业的管理都纳入法治化轨道，又要求法治国家、法治政府、法治社会一体建设，使全体公民、社会组织和国家机关都以宪法法律为行为准则，依照宪法法律行使权利或权力、履行义务或职责，这些都只能由居于总揽全局、协调各方重要位置的执政党来领导。另一方面，全面推进依法治国的繁重性和艰巨性，要求坚持党的领导。我国是一个有着两千多年封建历史文化的国家，不仅封建思想和意识根深蒂固，而且亲朋好友同学乡党情结浓厚，人治传统和人情社会成为制约全面推进依法治国的桎梏和障碍。同时，全面推进依法治国作为国家治理领域一场广泛而深刻的革命，必然涉及体制、机制和重大利益关系的调整，势必是一块难啃的“硬骨头”。这些都充分表明，在我国，全面推进依法治国必须在党的领导下，发挥党的独特优势特别是政治、组织和密切联系群众等优势，才能有效破除全面推进依法治国中的各种障碍，顺利实施体制、机制的重大改革，使中国特色社会主义法治道路越走越宽广。

放眼现实，也可以很清醒地看到，只有坚持党的领导，纷繁复杂的法治建设重任才能顺利推进，我们才能不断实现法治中国的美好蓝图。

从党的领导和社会主义法治的关系来看，两者是根本一致、内在统一的。从性质上看，党的历史使命，就是要带领全国各族人民建设社会主义，最终实现共产主义。党在社会主义初级阶段的任务，是坚持和发展中国特色社会主义。法治作为一种国家治理形态和治国方略，与特定社会主义相联系。我国的根本制度是社会主义制度，这就决定了我国法治的性质是社会主义，在现阶段就是中国特色社会主义。可以说，中国特色社会主义的伟大旗帜，既是我们党的旗帜，也是社会主义法治建设的旗帜。从宗旨上看，中国共产党的根本宗旨是全心全意为人民服务，强调始终把人民利益放在第一位，实现好、维护好、发展好最广大人民的根本利益。社会主义法治就是要体现全体人民共同意志和根本利益，保障人民民主权利，让人民依法管理国家事务和社会事务、管理经济和文化事业，保证国家各项工作依法进行。因此，始终坚持人民主体地位、保证人民当家作主、维护人民合法权益，既是我们党的根本宗旨，也是社会主义法治建设的根本目的。从任务上看，我们党的三大历史任务中列第一位的，就是推进现代化建设，其中就包括推进国家治理体系和治理能力现代化。社会主义法治是我们党实现国家治理体系和治理能力现代化的重要内容和重要标志。实现国家治理体系和治理能力现代化，既是党领导全国各族人民全面深化改革的目标任务，也是社会主义法治建设的目标任务。

因此，无论是从历史、现实，还是内在本质上看，建设社会主义法治必须坚持党的领导。只有坚持在党的领导下依法治国、厉行法治，才能真正实现党的领导、人民当家作主和依法治国有机统一，国家和社会生活法治化才能有序推进。如果照搬西方政治制度，放弃共产党的领导，社会主义法治建设只能是死路一条。

二、把党的领导贯彻到依法治国全过程和各方面

在社会主义法治建设中坚持党的领导，不是一句空话，而是要切切实实贯彻到依法治国全过程和各方面。总的要求，就是党的十八届四中全会提出的“三统一”、“四善于”，亦即，把依法治国基本方略同依法执政基本方式统一起来，把党总揽全局、协调各方同人大、政府、政协、审判机关、检察机关依法依章程履行职能、开展工作统一起来，把党领导人民制定和实施宪法法律同党坚持在宪法法律范围内活动统一起来，善于使党的主张通过法定程序成为国家意志，善于使党组织推荐的人选通过法定程序成为国家政权机关的领导人员，善于通过国家政权机关实施党对国家和社会的领导，善于运用民主集中制原则维护中央权威、维护全党全国团结统一。

在具体实践中，坚持党的领导要切实抓好以下四个方面。

党领导立法。就是根据党和国家大局、人民群众意愿，党提出立法建议，立体现人民根本利益和社会发展要求的法。当前，就是要围绕党和国家的工作中心，在转变经济发展方式、扩大社会主义民主、推进行政体制改革、保障和改善民生、加强和创新社会治理、保护生态环境等方面，适时制定、修改和完善各项法律，不断提高立法科学化、民主化水平。

党保证执法。就是党通过政治领导、思想领导、组织领导和工作领导，监督和促进执法部门严格执法。今后一个时期，就是要在党的领导下，深化行政体制和执法体制改革，建立权责统一、权威高效的依法行政工作机制，不断推进行政机关事权规范化、法律化，加强对执法活动的监督，坚决惩治腐败现象，做到有权必有责、用

权受监督、违法受追究。

党支持司法。就是各级党政机关和领导干部要支持法院、检察院依法独立公正行使职权，确保人民群众在每一个司法案件中都感受到公平正义。下一步推进司法体制改革的一个重要方面，就是督促各级党政机关带头支持司法机关的活动，任何党政机关和领导干部都不得让司法机关做违反法定职责、有碍司法公正的事情，任何司法机关都不得执行党政机关和领导干部违法干预司法活动的要求。同时，强化党对司法的领导，建设人民信赖的法治人才队伍，使事关依法治国方略实施的重要职位始终由忠于党、忠于国家、忠于人民、忠于法律的人担任。

党带头守法。依法治国，党的领导处于“龙头”、核心地位，各级党政机关和广大党员领导干部必须率先垂范、带头遵守宪法法律。要做到这一点，就必须强化各级党员干部的法律意识，强化法治思维，严格遵循法定权限和法定程序想问题、作决策、办事情，运用法治方式深化改革、推动发展、化解矛盾、维护稳定。特别是党员领导干部要保持对宪法法律的忠诚之心、敬畏之心，在任何时候都不能触碰法律红线、不得逾越法律底线。

总之，我们要坚持党在社会主义法治建设中的领导地位不动摇，党依靠社会主义法治实施领导不动摇，党把依法治国基本方略同依法执政基本方式统一起来不动摇，党自觉在宪法法律范围内活动不动摇，在党的领导下全面推进依法治国，加快建设中国特色社会主义法治体系、建设社会主义法治国家。

三、加强党内法规制度建设

国有国法，党有党规。无数历史经验已经证明，党内法规，是依法治国的重要前提和政治保障。没有懂法守法的法治体系建设者，法治中国的建成只能是空中楼阁。只有把党建好，才能锻造出领导建设法治中国的中流砥柱，国家才能治理好。

党内法规，通俗地说，就是规范党组织工作、活动和党员行为的党内规章制度的总称。拥有一整套党内法规制度，是中国共产党的一大政治优势。在革命战争年代，我们就是靠严明的党规党纪维护党的集中统一，保持党的凝聚力、战斗力。党取得执政地位后，国家法律和党内法规共同成为党治国理政、管党治党的重器。经过长期的实践探索，我们党已形成了一整套系统完备、层次清晰、运行有效的党内法规制度，为党的政治生活、党的日常工作、党内活动、党的建设等各方面工作提供了依据。

近些年来特别是党的十八大以来，党内法规制度建设不断加快推进，制度笼子越扎越紧，党内法规制度体系框架已经初步形成，为我们管党治党提供了重要依据。同时也要看到，党内法规制度建设还存在一些亟待解决的问题。比如，一些法规不适应新形势、新任务的需要，没有与时俱进；个别工作领域还没有制定出相应的法规制度；一些法规的配套规定或实施细则还不完善；部分法规之间的衔接不够紧密，存在分散、矛盾、冲突等问题；一些法规落实不到位，没有发挥应有的作用，法规制度的执行仍然存在形式主义、执行不力等问题。必须全面贯彻党的十八届四中全会精神，根据《中国共产党党内法规制定条例》和《中央党内法规制定工作五年规划纲要（2013—2017 年）》的要求，立足当前、着眼长远、统筹推进，确保到建党 100 周年时，全面建成内容科学、程序严密、配套完备、运行有效的党内法规制度体系。

进一步修改完善。目前，现行有效的中央党内法规有 1 部党章、2 部准则、22 部条例，还有近百件规则、规定、办法、细则等。应根据形势的发展需要，梳理现有的各项法规制度，作一次全面“体检”，切实做好党内法规的立改废释工作，研究制定一批基础主干性党内法规，整合形成一批综合性党内法规，抓紧制定一批实践急需的党内法规，及时废止或修订一批不适应现实需要的党内法规，有效解决党内法规制度中存在的缺失、“碎片化”、“老化”等问题。

延伸阅读

党内法规和规范性文件集中清理工作历时两年完成

2012 年 6 月，中共中央部署开展了党的历史上第一次党内法规和规范性文件集中清理工作。清理工作分两个阶段进行。第一阶段：清理 1978 年至 2012 年 6 月出台的中央党内法规和规范性文件。第二阶段：清理新中国成立至 1977 年出台的中央党内法规和规范性文件。清理工作由中央办公厅牵头组织实施，中央纪委机关、中央组织部、中央宣传部、中央统战部等 50 多个中央和国家机关共同参与，前后历时两年。经过清理，1 178 件中央党内法规和规范性文件中，322 件被废止、369 件被宣布失效，二者共占 58.7%；继续有效的只有 487 件，其中 42 件需适时进行修改。通过清理，摸清了中央党内法规制度的家底，一揽子解决了党内法规制度中存在的不适应、不协调、不衔接、不一致问题，有力维护了党内法规制度的协调统一，有利于党内法规制度的遵守和执行。

进一步探索长效机制。近些年来特别是党的十八大以来，我们党在管党治党方面，采取了一系列有力举措，取得明显成效。可以将这些做法以党内法规的形式固定下来，形成长效机制。比如，中央纪委在巡视制度上的一些创新做法，可以在修订《中国共产党巡视工作条例（试行）》时得以体现，使这项工作制度化，产生长期的震慑作用，有效防止腐败的发生。

努力提高执行力。制度的生命力在于执行。再好的制度不执行、形同虚设，就一定会形成“破窗效应”。党规党纪也是如此。如果执政党连自己的党规党纪都守不住、执行不下去，那么依法执政就是一句空话。切实肩负起党要管党、从严治党的责任，以严的标准要求党员、严的措施管住干部，确保党的纪律成为刚性约束，绝不能成为“稻草人”。

注重同国家法律的衔接和协调。中国特色社会主义法治体系是由法律规范体系、法治实施体系、法治监督体系、法治保障体系、党内法规体系五个部分组成的有机整体，党内法规体系必须和整个法治体系相协调。但受诸多主客观条件的限制，两者之间还存在一些衔接不够、协调不够的地方。有的党内法规在制定过程中缺乏论证，部分党纪规定与国法重复，有些党纪规定还有待进一步转化为国法，等等。下一步要加强党内法规同国家法律的衔接和协调，保证党内法规在法治的轨道上严密规范党组织活动和党员行为，保证党内法规的顺利贯彻实施，为管党治党提供坚实的依据。

四、提高党员干部法治思维和依法办事能力

俗话说：“火车跑得快，全靠车头带。”车头出了轨，整节列车也会偏离轨道。党员干部是全面推进依法治国的重要组织者、推动者、实践者，在全面推进依法治国中坚持党的领导，离不开广大党员干部的示范带动作用。作为人民公仆，如果以权压法、以言代法，影响法律公正行使，那么依法治国就会受到质疑，法律权威就会遭到破坏，党在群众中的形象也会大受损害。为此，党的十八届四中全会提出，要提高党员干部法治思维和依法办事能力，高级干部尤其要以身作则、以上率下。这是全面推进依法治国、建设社会主义法治国家的关键所在，赋予了新的历史条件下党员干部素质能力新的内涵。广大党员干部只有牢固树立法治意识、提高法治思维和依法办事能力，才能不断提升科学执政、民主执政、依法执政水平，才能影响和带动全社会形成办事依法、遇事找法、解决问题用法、

化解矛盾靠法的良好法治环境。

法治思维是基于法治的固有特性和对法治的信念来认识事物、判断是非、解决问题的思维方式。法治方式是运用法治思维处理和解决问题的行为方式。法治思维是一种规则思维、程序思维，它以严守规则为基本要求，强调法律的底线不能逾越、法律的红线不能触碰，凡事必须在既定的程序及法定权限内运行。法治思维的核心是权利义务观念，对于党员干部特别是各级领导干部而言，除了具有公民应有的权利义务观念，还要有法治的权力观，即权力的有限性与程序性，以及守护法律、维护宪法与法律权威的职责意识。提高党员干部法治思维和依法办事能力，就是要求在坚持党的领导、人民当家作主、依法治国有机统一的指引下，增强法治观念、弘扬法治精神，带头尊崇和遵守宪法法律，自觉在法治轨道上想问题、作决策、办事情，不断提高运用法治思维和法治方式深化改革、推动发展、化解矛盾、维护稳定的能力。

当前，一些党员干部特别是领导干部法治意识淡薄，还没有形成运用法治思维和法治方式管理经济社会事务的自觉性。有的仍然习惯于传统的“人治”思维方式，习惯于用个人职权“走关系”、“打招呼”，有的特权思想严重，认为权大于法，对法律缺少敬畏，时常突破法律底线，还有的虽然懂些法，也知道违法的严重后果，但总自认出于“好心”或是心存侥幸，爱打法律“擦边球”。这些现象说明，有了法治思维，领导干部才会遵从法治理念、法律精神、法律规定来行使权力、作出决策。缺少法治思维，在权与法之间，领导干部就会迷失方向，跳出法律的框架，滥用、乱用权力。因此，从全面推进依法治国的全局来看，提高党员干部的法治思维和依法办事能力极为重要和紧迫。

具体来说，提高党员干部法治思维和依法办事能力，主要可以从以下四个方面推进。

加强学习是基础。法律知识是培养法治思维和能力不可或缺的基础和前提，一个法律知识储备不足的党员干部不可能形成正确的法治思维。实践证明，只有把法律法规学好了、装进脑子里了，才能转化为内心的行为规范，才能发挥其强制约束作用，才能做到依法决策、依法行政、依法管理。因此，党员干部要把社会主义法治理论作为必修课，积极学法、知法、懂法，牢固树立法治观念。要深入学习宪法，学习国家基本法律和与本职工作密切相关的法律法规，切实增强法律意识，形成对法治本身的崇尚和信仰。提高法治思维和依法办事能力，既需要广大党员干部由内而外地自觉养成，也需要各级党组织由外而内地持续培育。要加强法治学习培训，把宪法法律列为党委（党组）中心组学习内容，列为党校、行政学院、干部学院、社会主义学院必修课，把法治教育纳入各级干部教育培训规划，着力增强党员干部法治教育的针对性和实效性，帮助广大干部切实提高法治思维水平和能力。

实践参与是关键。投身法治实践、促进法治建设既是党员干部的重要职责，也是提高党员干部法治思维和依法办事能力的重要途径。脱离开活生生的法治实践，不可能养成法治思维方式。在深化改革、推动发展、化解矛盾、保障改善民生等工作中，党员干部要摆脱“搞定就是稳定、摆平就是水平”的旧有思维定式，把运用法治思维和法治方式想问题、作决策作为一种常态，自觉做到决策于法有据、行为依法进行；把运用法治思维和法治方式深化改革、促进发展作为一种自觉，善于用法治思维破解改革难题、用法治方式化解改革风险；把运用法治思维和法治方式化解矛盾、维护稳定作为一种能力，努力营造良好的法治环境。

考核评价来引导。干部考核工作具有“指挥棒”作用，组织上考核什么、如何考核，干部就会朝什么方向努力。党的十八届四中全会提出，要把能不能遵守法律、依法办事作为考察干部重要内容，在相同条件下，优先提拔使用法治素养好、依法办事能力强的干部。把法治建设成效作为衡量各级领导班子和领导干部工作实绩重要内容，纳入政绩考核指标体系。这有利于引导和督促各级干部自觉做学法、尊法、信法、守法、用法的模范。要把遵宪守法作为衡量干部德才素质的重要标准，把法治素养和依法办事能力作为提拔使用干部的重要依据。优先选拔使用法治素养好、依法办事能力强、推进法治建设成效明显的干部，引导和督促各级干部把依法执政和依法行政的要求落到实处，自觉养成办事依法、遇事找法、解决问题用法、化解矛盾靠法的良好习惯。

监管约束不可少。实践证明，仅仅依靠个人的自觉自愿是远远不够的，只有念好“紧箍咒”、建立强化党员干部运用法治思维的倒逼机制，才能为提高党员干部法治思维和依法办事能力提供有力保障。要按有权必有责、用权受监督、违法要追究的要求，加强党内监督、行政监督、社会监督制度建设，完善质询、问责机制，防止权力滥用，确保权力在阳光下运行。要完善党员干部遵宪守法刚性约束机制，对那些法治观念淡薄、不依法办事的党员干部要批评教育，不予提拔重用；对有违法枉法、失职渎职行为的党员干部要依法追究责任。通过有力有效的管理监督，真正使法治思维和依法办事能力成为一种硬标准、硬要求、硬约束。

后　记

党的十八大把法治确立为社会主义核心价值观的基本要素之一，充分体现了坚持和发展中国特色社会主义的法治要求。党的十八届四中全会对全面推进依法治国作出重要部署，明确要求更好发挥法治的引领和规范作用。因此，我们讨论和理解中国话语语境下的法治概念，离不开中国特色社会主义的法治实践，离不开党的十八届四中全会关于加强法治的一系列新观点新论断新要求。这本小册子的编写框架，就是根据党的十八届四中全会决定的主要内容设计的。我们感到，这样来介绍和论述法治，具有较好的针对性和现实性，有助于读者更深入了解党和国家关于法治建设的大政方针，更深入把握中国特色社会主义法治道路的基本内涵和特征，更深入领会法治实践在我们工作、生活中的重要性。

本书的基本论断、重要观点，主要依据党的十八届四中全会通过的《中共中央关于全面推进依法治国若干重大问题的决定》，具体内容主要采用和参考了《〈中共中央关于全面推进依法治国若干重大问题的决定〉辅导读本》、《党的十八届四中全会〈决定〉学习辅导百问》、《法治热点面对面》的相关内容，此外也吸收和借鉴了理论界、学术界的相关观点和论述（详见“主要参考书目”）。

由于法治研究的专业性和科学性，以及法治相关著述甚多，本书内容难免有不当不足之处，所引用或采纳的论述、观点也难以全部一一列出出处，还请专家读者批评指正。

作 者

2015年4月20日

主要参考书目

中共中央关于全面推进依法治国若干重大问题的决定．北京：人民出版社，2014

《中共中央关于全面推进依法治国若干重大问题的决定》辅导读本．北京：人民出版社，2014

本书编写组编著．党的十八届四中全会《决定》学习辅导百问．北京：党建读物出版社，学习出版社，2014

中共中央宣传部理论局．法治热点面对面．北京：学习出版社，人民出版社，2015

本书编写组．法理学．北京：人民出版社，高等教育出版社，2010

《宪法学》编写组．宪法学．北京：高等教育出版社，人民出版社，2011

谷春德主编．法学概论．北京：中国人民大学出版社，2008

中共中央政法委员会．社会主义法治理念读本．北京：中国长安出版社，2009

［古希腊］亚里士多德．政治学．北京：商务印书馆，1965

图书在版编目（CIP）数据

社会主义核心价值观·关键词. 法治/韩震总主编；韩震，严育编著.—北京：中国人民大学出版社，2015.4
ISBN 978-7-300-21041-4

Ⅰ.①社… Ⅱ.①韩… ②严… Ⅲ.①社会主义建设-价值论-中国 Ⅳ.①D616

中国版本图书馆 CIP 数据核字（2015）第 067685 号

社会主义核心价值观·关键词
总主编　韩　震
法　治
韩　震　严　育　编著
Fazhi

出版发行	中国人民大学出版社		
社　址	北京中关村大街 31 号	邮政编码	100080
电　话	010－62511242（总编室）		010－62511770（质管部）
	010－82501766（邮购部）		010－62514148（门市部）
	010－62515195（发行公司）		010－62515275（盗版举报）
网　址	http://www.crup.com.cn		
经　销	新华书店		
印　刷	天津中印联印务有限公司		
规　格	160 mm×235 mm　16 开本	版　次	2015 年 5 月第 1 版
印　张	7.5 插页 1	印　次	2021 年 11 月第 3 次印刷
字　数	79 000	定　价	28.00 元